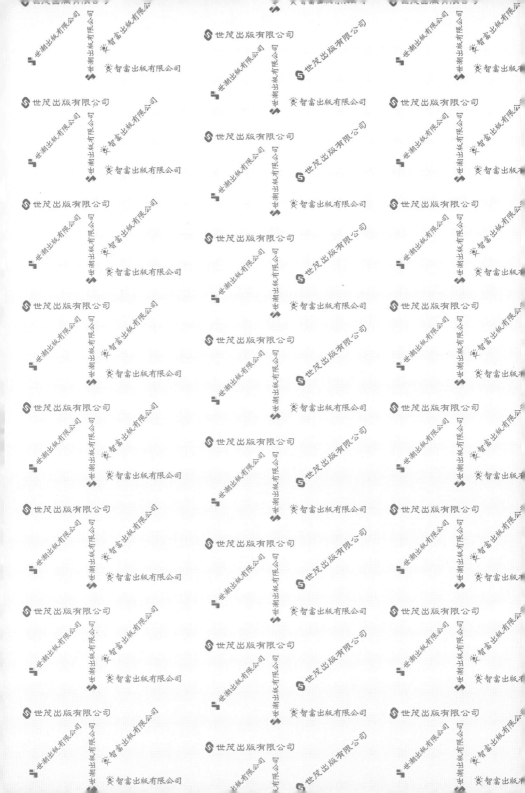

天生直覺力

輕鬆實現願望，翻轉人生！

秋山真人——著　藍嘉楹——譯

盡情發揮靈力，擁有與眾不同的直覺力——前言

請問你為什麼會翻開這本書呢？——我這麼一問，應該會得到各種不同的答案。像是「偶然在書店發現的」「覺得好像不錯，所以就拿起來翻翻看」，甚至是「朋友借我看的」等。不過，各位之所以與本書相遇，「真正」的理由只有一個——是透過潛藏在每個人身上的「直覺力」引導下的結果。

或許有人會嗤之以鼻，心想「這個理由也太扯了吧」，但所謂的直覺力，在潛意識中與我們的行動有著非常密切的關係。

以現況而言，「必須在一瞬間做出正確選擇」是許多人每天的日常。明明我們所處的社會能夠輕易獲得各種資訊，但不論在哪個領域，數量和選項都多到爆炸，讓人眼花撩亂，根本不知該如何選擇……這分迷惘，其實不容小覷。

遇到這種時候，就必須具備一種最有用的能力，也就是能瞬間掌握事情本質的「直覺力」。直覺力與橫跨眾多領域的靈力，以及「能迎向幸福人生的選擇」有著密切的關係。這股力量之強，或許說是足以讓人體與宇宙產生連結也不為過。本書的基本概念**最主要透過身體感覺，以簡單的實驗來訓練堪稱直覺源泉的潛在能力**。

長期以來，我一直以「超能力」專家的身分活動著，說到我為人熟知的「事蹟」，包括彎曲湯匙、寫念（在紙等載體顯示被寫念對象的訊息）等。一路走來，我始終深信，每個人的內心深處，都潛藏著宇宙級的巨大力量。

大家眼中的超能力，其實可細分為本書所介紹的「預知能力」「心電感應」「念力」「探測術」「治癒」等各種不同的種類。事實上，專門研究不可思議現象的「超心理學」也已獲得學術上的認同。

目前已經證實人具備潛在能力，而且有關該如何控制這股能力，又該如何測定的研究也正如火如荼的進行，目的是加強對它的理解。

那麼，潛在能力究竟如何與直覺力連結呢？

舉例而言，即使只是折彎一支湯匙，在觸碰到湯匙的瞬間，我就必須立刻判斷這支湯匙的重心所在、湯匙材質的硬度、材質的弱點為何等。在一瞬間把握上述資訊的能力，也就是所謂的直覺力。換言之，我必須靠著直覺力，才有可能彎曲湯匙。

說得更仔細一點，就是必須對各種事物更加敏感。換個方式表達，一個人必須擁有「豐富的」感受性、觀察事物時能感受到比看藝術品更開心的資質，才有資格挑戰念力（通過意念的力量）。

總而言之，心會發給一個人許可，告訴該人「你可以使用念力」。所有的「超能力」和「吸引力法則」的第一步，說是從直覺力開始也完全不為過。

反過來說，只要好好鍛練同被視為超能力的靈力，也可能獲得特殊的直覺力。

本書所介紹的訓練法，都是獲得在一九七〇年代所謂「超能力熱潮」中，多位曾大放異彩並獲封「超能力少年」或「超能力少女」的人協助下所設計而成。

他們在熱潮退去之後，各自踏上不同的道路。追蹤他們的人生軌跡一看，發現有些人成了整復師，也有人成為設計師、建築師、插畫家等，人生各自精采，不過就整體傾向而言，許多人都選擇了須要發揮創意的職業。

我和成為社會中流砥柱的他們，從一九八〇年代開始，進行了許多聯合實驗，時間超過十年，不僅如此，我也花了很多時間進行專訪，最後終於完成了本書的訓練法。當年在我完成那些方法的時候，可是連一位能力開發專家都沒有的時代。

現在，隨便走進哪間書店都可以看到書架上陳列著以「開發潛在能力」為主題的書。雖然是同樣的主題，有些是從腦生理學與量子論的觀點進行能力開發的研究，也有專門介紹充分運用直覺力，在商場上大有斬獲的經營者成功經驗談等，種類有各式各樣。

我想，這類書籍作為引領讀者進入開發潛力世界的入門磚，不但確實提供了實用的資訊，事實上應該也有人靠著實踐這些方法而獲得了成功。

但是，我經常感到疑惑的是，這些書籍對於真心想翻轉人生，得到某些利益，或成就大事業的人，是否能發揮任何實質的效果呢？

本書**彙整的能力開發訓練法，不但會讓你體驗前所未有的全新挑戰，也富含冒險與有趣的元素**。已在超能力世界闖蕩幾十年的我，絕對有自信拍胸脯保證，我為各位精挑細選的絕對是能夠派上用場的資訊。

和其他討論能力開發的書籍相比，本書可說是大不相同的。請各位務必仔細體會其中的精深與奧妙。

你是「全宇宙獨一無二的」。所有人都有權利開發這如此美好的潛在能力。

秋山真人

目錄

第一章

實際體驗藏在自己身上的厲害能力！

第二章 我是ESP？還是PK？診斷能力類型！

第四章 使用心電感應能力，窺視他人內心！

第七章 實際體驗可將直覺力提高到極致的念力！

第八章 開發治癒能力，療癒身體的不適！

第九章

喚醒未知的力量，化不可能為可能！

第一章

實際體驗藏在自己身上的厲害能力！

請關注能夠成為直覺來源的能力

我們很難用科學來解釋何謂直覺力。因為直覺力與橫跨眾多領域的靈力有著密切的關係。我想，把直覺力稱為是一種能夠連結宇宙與人體的力量也不為過吧。接下來請各位抱著做一個有趣實驗的心情，試著發掘這種精神上能化為直覺來源的潛在能力吧。

聽到潛在能力，或許有人會說：「我怎麼可能會有那種能力。」那可能是因為他們覺得這是「天選之人」所具備的能力吧。但事實絕非如此。**每個人都有潛在能力。**

然而，能力的內容與程度因人而異，而且每個人的潛在能力都具備獨特的標誌。例如有人擁有飛毛腿的能力，而有人擁有的是媲美千里眼的絕佳視力。另外，也有人可能擁有絕佳的聽覺，連極小的聲音都聽得到。

不僅如此，**每個人首次發現自己潛在能力的模式也各不相同。**有人走的是家傳路線，不論是長跑、象棋、嗅覺靈敏等，都是遺傳自雙親的天分。但卻無法明確得知，這分天分究竟到了何時，又是在何種契機下才能夠嶄露頭角。

總而言之，即使一個人擁有A方面的能力，但並不保證一定能夠發揮，而且說不定還潛藏著B方面的驚人能力。

如何發現自己的潛在能力？

話說回來，如果一味羨慕別人擁有的能力，卻不努力提升自己的潛在能力，那麼終其一生，都很可能只是一個平凡人。

簡單來說，光是羨慕別人，對發掘自己的潛力毫無幫助。為了順利發現並發揮自己的能力，**在羨慕別人之前，請各位把焦點放在自己身上**。因為唯有如此，你才能獲得讓人刮目相看的能力。

首先，請從簡單易懂，而且每個人都能輕易做到的訓練開始，一步步實踐本書的內容吧。這些訓練的用意是使每個人得以發揮擁有的潛在能力，所以不須要事前練習，也不要求須具備某些資質。其實，與其說是訓練，更應該稱之為使用日常能力的「一般能力試驗」。

最初級的訓練包括「膝蓋偵測」訓練和「手臂什麼都知道」訓練。百思不如行其一，總之請各位先試著挑戰看看吧。

section 1

掌握今天的幸運物「膝蓋偵測」訓練

◉人數／1人

訓練潛意識與直覺之前，首先要進行使用活動肌肉這個原理的訓練。

準備

坐在地板上，兩腳底分別貼在小腿和大腿內側。接著稍微上下活動膝蓋以放鬆（參照插圖❶）。

訓練開始

舉例而言，假設你迷惘著「不知道今天該穿哪件衣服」，首先把列入考慮的幾件衣服放在膝蓋上，接

❶

著上下晃動膝蓋。

診斷

如果是適合當天心情的衣服，大腿就會突然一鬆，或是雙腿張開時變得輕鬆（參照插圖❷）。

另外，如果想挑選自己當天的幸運色，請把色紙、布、衣服放在身邊或腳邊。接著觀察張開雙腿時所發生的變化（參照插圖❸）。

找到適合自己的顏色時，肌肉會不自覺地放鬆。

相反的，如果放的是不適合的顏色，雙腿間就會「難以張開」。只要多嘗試幾次，就能夠在接觸資訊或事物的瞬間，依照腦部的放鬆程度進行判斷。畢竟身體的反應很誠實。

section 2

找到天造地設的對象「手指偵測」訓練

◉人數／1人

準備

●將慣用手食指的指甲前端，放在同隻手大拇指的指甲底部（白色半月形的部分）。這時，請豎起食指的指甲，用力壓住大拇指的指甲（參照插圖❶）。

●維持這樣的姿勢，輕輕晃動手幾次。

●這時，要仔細控制食指的力道，讓指甲只能在大拇指的指甲上稍微移位。如果太過偏離原來的位置，就稍微用點力。等到確定穩固不動再鬆開。

●些微移動的程度被稱為中立狀態。請記住手指出力的程度（參照插圖❷）。

❶
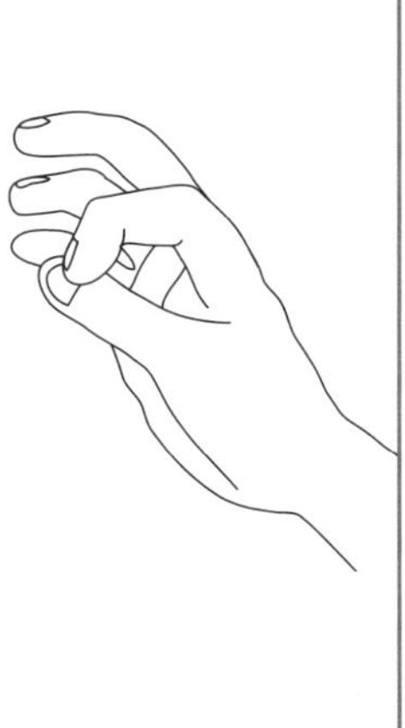

❷
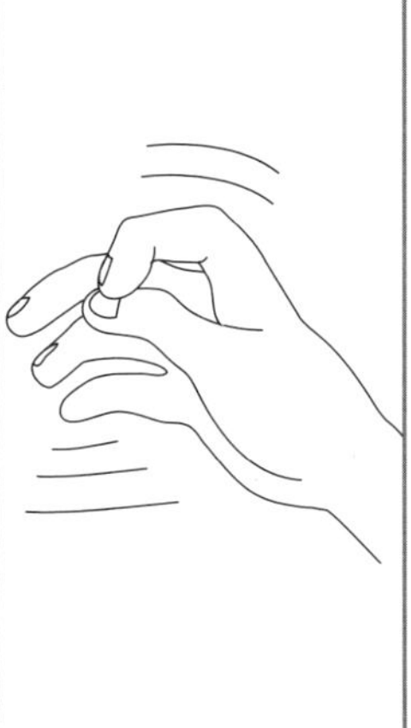

訓練開始

做法非常簡單。如前頁所述，先把食指的指甲前端，放置在大拇指指甲底部，用空出來的那隻手與對方握手。接著舉起大拇指與食指的指甲相碰的那隻手輕輕晃動，確認指甲前端是否過度移位即可。

改變對象，一再嘗試，並記住每一次指甲偏移的程度。

診斷

透過這個訓練，可以**馬上判斷你和初次見面的人，彼此之間契合的程度**。

食指指甲前端停留在大拇指指甲的狀態因人而異。有時會很不穩定，有時候則是不動如山。簡單來說，指甲愈不容易移動的，代表對方與你的契合度愈高。

如果把這個測試方法用在一見鍾情的對象身上，結果發現指甲滑動了，奉勸你還是就此放棄。相反的，假設你找到一個對他第一印象不佳，但指甲卻絲毫不動的對象，那麼請務必要給彼此一個機會，自己主動多找對方聊聊。

另外，這個訓練法不只可用於尋找真命天女/子，也適用於**想要選擇適合自己體質的食物、飲料、嗜好品，甚至是挑選車款和購屋等支出大筆金錢的情況**。

section 3

利用身體感知你的隱性敵人

「手臂什麼都知道」訓練

◉人數／2人
◉道具／隨身物品

準備

你↓慣用手輕輕握拳，手肘不要彎曲，抬起手臂與肩同高。

夥伴↓用力把你的手臂往下壓。

你↓手臂出力抵抗以不被壓下來（參照插圖❶）。

注意：這時候，雙方都要記住自己用力的力道。

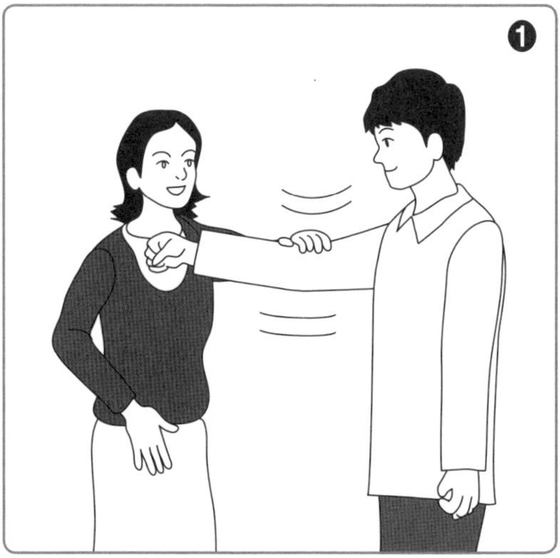

訓練開始

夥伴→找一樣周邊的物品，例如書本或杯子等遞給你。

你→用沒有舉起的非慣用手接住東西拿好。

夥伴→依照準備階段的要領，用力將你的手臂往下壓。

你→手臂出力抵抗。請好好記住這時用力的感覺（力道是比準備階段更強，還是更弱）（參照插圖❷）。

夥伴→改變遞交的東西，例如換成酒瓶或水果等，再次遞給對方（參照插圖❸）。

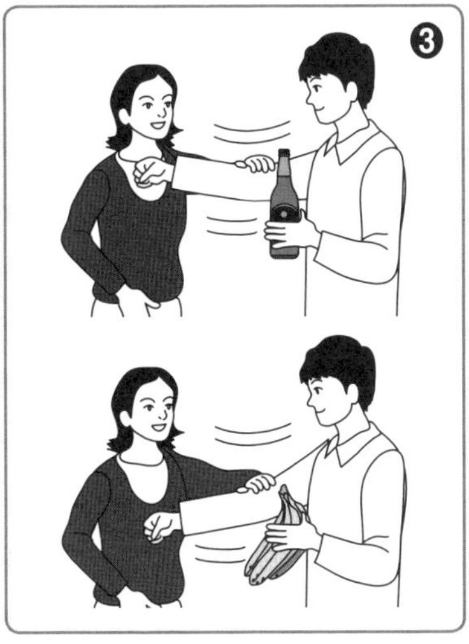

那麼，不知道各位完成訓練後覺得怎麼樣？我想，手臂出力的程度一定會隨著物品的改變而有不同。有時候好像比較用力，但有時候好像很輕鬆。甚至有時候還來不及出力抵抗，手臂就自動垂下了。

其實，當我們遇到非常棘手或有害之物，或者是之前從未有機會接觸的東西，身體就會沒辦法出力。

這是因為受到了潛藏於人體的「潛意識的超能力」所影響。或許大多數人都渾然不覺，但我們的身體具備有「顯意識超能力」與「潛意識超能力」，而且定律是後者優先於前者。

簡單來說，比起看到什麼、聽到什麼、聞到什麼、思考等意識，肌肉會搶先做出反應。換句話說，肌肉會依據透過五感所得到的周邊情報，領先意識一步，做出直覺式反應。

舉例而言，即使是嗜飲杯中物，每天都無酒不歡的人，如果酒精已經有害他的健康，肌肉會比意識提早做出反應。所以拿到酒瓶時，他的手臂會使不出力氣。

應用篇　◉道具／黑板或白板，也可以準備大張的紙等

訓練方法和前述方法幾乎完全一樣。只是這次你的手上不須要拿任何物品。只要把黑板或白板放在身後立好，抬起慣用手就好。

而夥伴要做的，就是在黑板寫下大字，而且不能讓你看到。

舉例而言，假設他在黑板寫下「一百元」，再伸手碰觸你的手臂，要你放下來。接著，再把金額改成「一千元」「一萬元」，重複同樣的動作。這時，請記錄下你的手臂每次出力的程度（參照插圖❹）。

最後請你檢視，有沒有哪個金額讓你的手臂馬上放下來的呢？

如果有，表示該金額對你而言，屬於「沒有緣分的財富」，或是「即使得到，對自己也是有害無益的錢」。

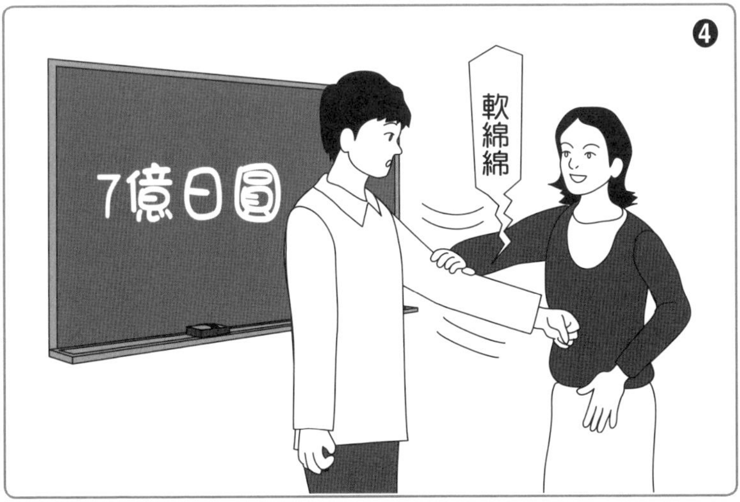

當然，背對黑板站著的你看不到黑板上寫了什麼。但是，你的感測能力卻會在無意識間啟動，讀取寫在黑板上的金額，任由肌肉做出反應。

寫在黑板上的文字並不一定得是金額。各位可以利用這個方法，進行各種調查，**像是什麼是對自己有害之物、雖然自己沒有發覺，但其實渴望得到的東西、可能會給自己帶來圓滿結果的幸運物等**。

舉例而言，假設你現在陷入難以抉擇的情況，因為你不知道該選擇「A公司」還是「B公司」就職。遇到這種時候，建議你找個朋友幫忙，請他在你身後的黑板上分別寫下「A公司」和「B公司」，測試你手臂出力的程度。相信透過這個方法，你一定能夠發現自己真正想去的公司是哪一間。

我相信只要善用這個訓練，一定能替各位找出加分的解答，所以請大家不用有任何顧忌，盡量把關鍵字寫在黑板上，一一確認吧。

唯一要注意的是，千萬不可以把這個訓練用於判斷「一個人的好惡」。原因是，如果因誤用而傷害了別人，這股力量就無法順利發揮正常的功能，甚至有可能成為反噬你的凶器。

section 4

幫助尋回失物「大拇指探測器」訓練

◉人數／1人

這個訓練最大的用處是尋找失物。接下來就以在房間裡找到遺失的戒指為例來做說明。

準備

●張開十指，讓左右手大拇指的指尖輕輕碰觸。

●在腦中盡可能清楚想像出要找的東西（這裡是戒指），並且專注想著一定要找回失物。腦中除了戒指，別無他想。同時，慢慢地走遍房間每一處（參照插圖❶）。

●如果大拇指突然在你走到某處時偏移了原來的位置，就表示你的探測能力對戒指產生反應（參照插

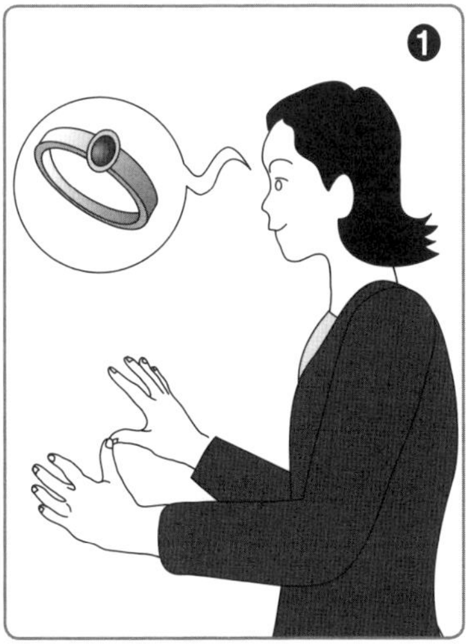

圖❷）。接下來把產生反應的地方當作重點區域，慎重的進行探測，進一步限縮搜尋範圍。

●當兩隻大拇指的指尖分開，你所在的位置應該就距離戒指不遠了。

●最後只要一口氣找出戒指即可。

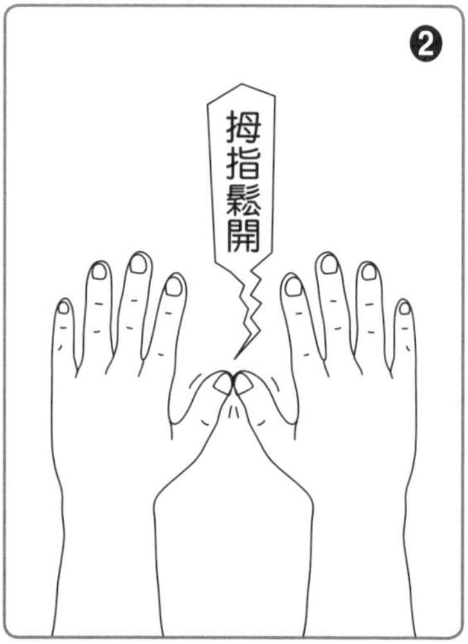

section 5

靠三根手指解決你的煩惱！「YES．NO」訓練

◎人數／1人

這個訓練可以讓你在陷入迷惘、不知如何選擇的困境中時，引導出一股自助的力量。準確率高到超乎想像。

準備

- 決定慣用手的食指、中指、無名指分別要代表「YES」「不知道」「NO」的哪個選項。此處的設定是「食指＝YES」「中指＝不知道」「無名指＝NO」（參照插圖❶）。
- 慣用手用力握拳後立刻鬆開。
- 重複握拳幾次當作練習。

❶

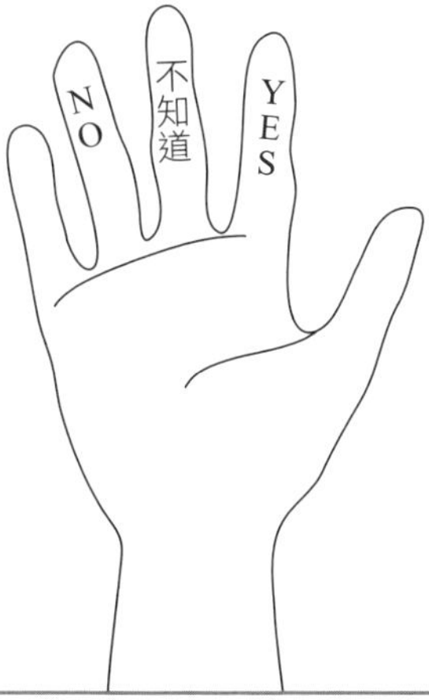

訓練開始

●在心裡默問自己想知道、不知該如何抉擇的事。例如考試時，在心裡問自己：「這題的答案是1嗎？」。

●接著迅速施展剛才練習的握拳。看看食指、中指、無名指的動作（參照插圖❷）。判斷時，請不要過度盯著手指。

診斷

接著請判斷三根手指當中，是哪根手指出現了反應。

每個人的反應都不一樣。**有些人是手指微微顫抖，也有人是手指往下垂。**

如果出現反應的是食指，就是「YES」；中指就是「不知道」；無名指則是「NO」。迷惘於不知該如何選擇時，希望各位務必使用這股力量。

section 6

伸長你的手指！「魔法手指」訓練

◉人數／1人

我想各位從之前介紹的訓練方法中已經充分了解到，肌肉會比意識更早做出反應。透過接下來的訓練，我則希望大家能夠體驗到「意象支配著肌肉」。

訓練開始

●雙手擺出布的姿勢（十指盡可能張開），再緊緊合十（參照插圖❶）。

●手指分開，只有手掌貼合。

●閉上眼睛，讓注意力集中在其中一隻手，心裡不斷默念「手指伸長、伸長」

●請把能量特別貫注在指頭根部，集中意識約

十～三十秒。

●全神貫注之後，慢慢放鬆，並緩緩地將雙手的手指互相貼合（參照插圖❷）。

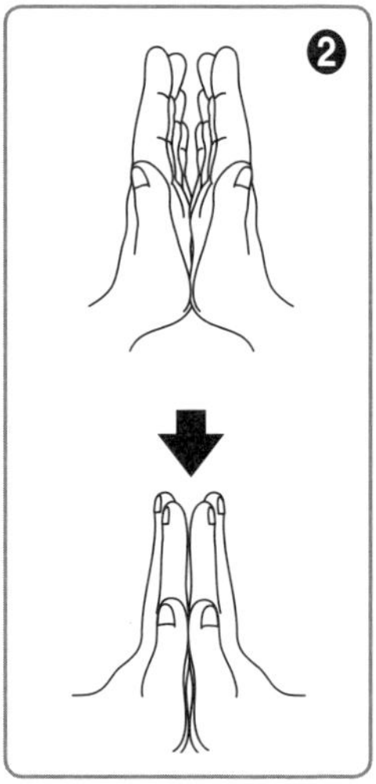

診斷

我相信，應該有不少人都吃驚地發現到，被意識貫注的那隻手的手指確實變長了。

其實，這不過是肌肉對意象做出反應所呈現的結果。「手臂什麼都知道」（參照第二十二頁）的訓練，呈現的是肌肉對外部資訊所表現的反應，但手指變長是肌肉對**自己的內在**，也就是**內部資訊所做的反應**。

透過這個訓練，我想各位應該不難理解，肌肉在與我們表現的意識產生連結之前，已經先與周圍的環境、自己的內心深處相連。

因此，只要善用這個原理，就能發現連自己也渾然不知，或者隱藏在內心深處的真正想法。

section 7

識破對方的謊言
「簡易測謊器」訓練

◉人數／2人
◉道具／日幣五圓（或是中間有孔洞的圓形片狀物）、牙籤、水性筆

準備

● 把牙籤插入五圓硬幣的小孔，保持上下同等的長度以維持平衡。
● 找到夥伴手腕附近的動脈，用水性筆作記號。
● 把充當「測謊器」的牙籤前端放在記號上（參照插圖❶）。
● 仔細確認脈搏跳動時，牙籤和五圓硬幣的晃動情形。

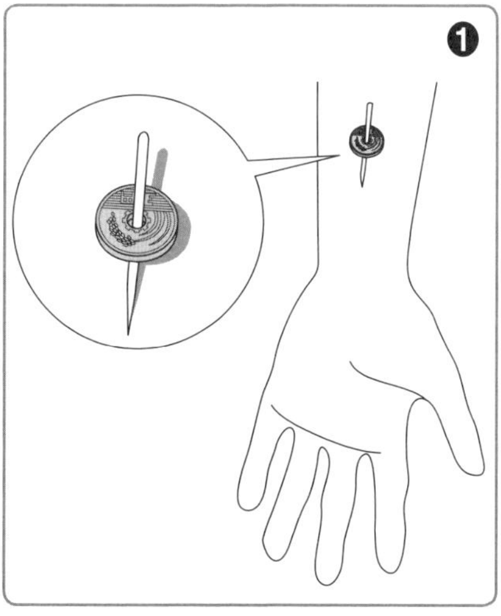

訓練開始

夥伴↓對所有問題都回答「NO」。

你↓不斷向夥伴提出問題。請準備答案一目瞭然的問題。

例如「你是男性吧」「你今年是十八歲嗎」之類的問題。這時，重點在於要輪流詢問答案是肯定和否定的問題。

同時要一併確認牙籤和五圓硬幣分別在照實回答與不照實回答時的搖晃程度（參照插圖❷）

●能夠清楚分辨搖晃程度的差異後，接著詢問真正想知道的問題。

每詢問一個問題，都要確認牙籤和五圓硬幣的搖晃程度（參照插圖❸）。

●判斷搖晃程度和一開始詢問簡單問題的時候相比，是否和沒有照實回答時相同（參照插圖❹）。

診斷

那麼，你是否識破了對方的謊言？

你是否發現對方說謊時，牙籤和五圓硬幣會搖得比較厲害，但如果說的是實話，搖晃幅度就比較小？

除了說謊成性的人例外，一般人就算騙得了別人，也騙不了自己的肌肉。

section 8

讀取對方心聲
「手帕拔河」訓練

◉人數／2人
◉道具／手帕

以下再為大家介紹一項與「肌肉不會說謊」有關的訓練。只要準備手帕等柔軟物品，就能讀取對方內心浮現的想法。

準備

你↓紮起手帕的兩端，再以大拇指和食指的指尖緊握住打結處。

夥伴↓一樣用大拇指和食指的指尖緊握住另一邊打結處（參照插圖❶）。

你↓不要放開指尖，把手帕朝前後、左右、斜邊等各種方向慢慢拉扯。

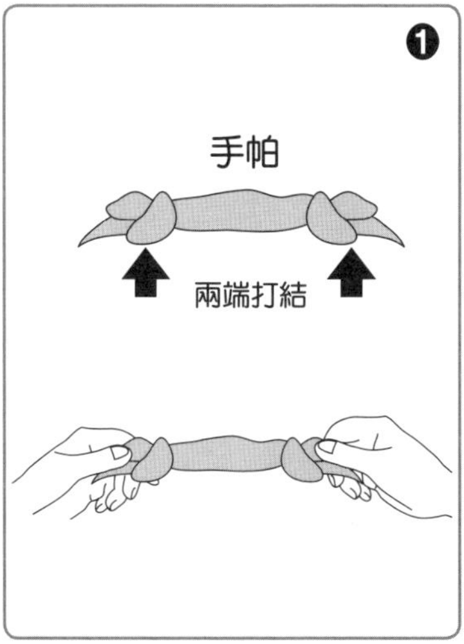

夥伴↓確實跟著你的動作，不要讓手帕掉到地上。

訓練開始

你↓請夥伴挑選一樣房間內的物品（鬧鐘等），並在心裡想著它。

夥伴選定物品後，雙方便保持同樣的速度，一人拉著手帕的一端，慢慢的把手帕一一朝向各種物品的方向拉扯。

夥伴↓手指緊抓住手帕，不要鬆開。

你↓以指尖感覺對方出力的變化，同時試著以各種拉扯方式，往各個方向拉扯（參照插圖❷）。

如果發現指尖的出力有改變，請朝發現有變化的方向再拉扯幾次，確認是否有誤。

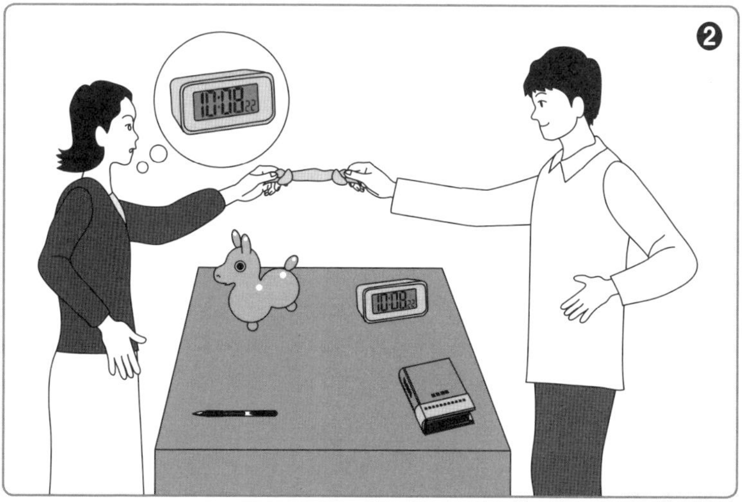

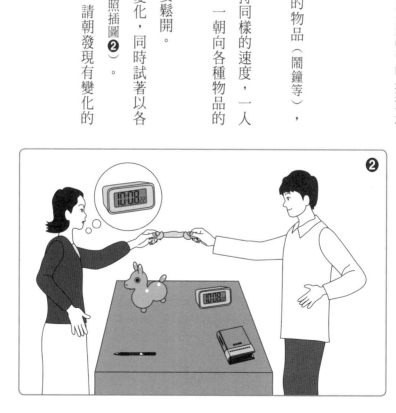

這時，觀察對方的表情也是一種方法。如果你發現對方的表情是「一臉吃驚」，就往對方做出反應時的方向拉扯看看。

這麼一來對方會更加用力，搜索範圍也就逐漸縮小了。只要繼續下去，最後就能找出對方腦中所想的特定物品。

診斷

請問你是否透視了對方的內心呢？其實，把手帕拉到夥伴選好的物品方向時，出力的方式就會出現變化。力道可能突然減輕或加重，或者是手帕起皺。

有趣的是，如果擴大搜索範圍，例如找遍整個家中，或者對方對該件物品的意識愈加淡薄，出現的機率就愈高。

我們每個人都會受到「右旋．左旋」的影響

透過截至目前的訓練，相信各位已經了解，我們的肌肉對周遭環境與潛藏於心底的潛意識反應比想像中敏感。

不僅如此，更驚人的是，目前已經證實，我們的身邊也深受各式各樣的「右旋・左旋」所影響。

舉例而言，**只要置身在右旋的漩渦，就能發揮更強大的力量；就廣義而言，即使只是「走路時從左腳踏出第一步」，就能夠讓身體儲備強大的能量。**

日本自古就有「左進右退」的說法，簡單來說，從左往前伸出，再從右往後退，也就是往順時針方向旋轉的右旋，比較容易使力。

有趣的是，古埃及的雕像，毫無例外的都是呈現左腳往前踏出的姿勢。

話說回來，「左進右退」的習慣，被視為源自埃及與波斯，由此看來，說不定從這兩個地方，也可以找到有關日本人的起源線索。

不過，西方世界剛好相反。他們認為右旋的力量更為強而有力。

日本自古就有所謂的「鬼道」，而鬼道的存在，也展現出人們對於會使用咒術、巫術等邪惡手段的民族心懷畏懼。這種日本人獨有的特性，從以下的例子也能窺得端倪。

舉例而言，就像史上的重要戰役若是以慘敗收場，我們會以「敗北」形容，意思是「只要往北就會輸」。

但是，日本人和日耳曼等少數幾個民族則不在此限。以日俄戰爭和九一八事變來說，這些都不是前往北方作戰，最後卻鎩羽而歸的例子。

相較於其他國家的人容易受到方位等因素影響，**日本人卻不太會受到方位的影響**。換言之，日本人對能力受阻有很強的抵抗力。

另一個容易讓各位了解的例子是中國的氣功。練氣功的人一般是左旋（逆時針方向）運氣，認為這樣會讓身體的運轉較為順暢。

但是，**日本人剛好相反**。日本人認為氣從左流通到右（右旋．順時針方向）會對身體更好。

不過，持平而言，**究竟氣要從左邊還是右邊流**

通對身體比較有利，或是較能發揮強大的力量，還是取決於土地的影響。

因此，確認自己是左旋比較強，還是右旋比較強，是一件有趣、值得玩味的事。

那麼事不宜遲，請各位趕快翻開下頁，利用「左旋・右旋」訓練，確認自己的體質究竟是右旋（右旋較有利）還是左旋（左旋較有利）。

section 9

找出你到底是「右旋還是左旋人」
「左旋・右旋」訓練

◉人數／1人
◉道具／指南針、長約一公尺的棒子

準備

●請在公園等有土的地面進行。

●利用指南針或羅盤，確認正北（磁北）的方向，再站在朝向這個方位的位置。

●左手拿著準備好的棒子，以自己為中心點，從左到右轉一圈，並在地面上畫一個圓。

●重新換個位置站好，再次確認正北的方向，並面朝這個方位。

●右手拿著準備好的棒子，以自己為中心點，從右到左轉一圈，並在地面上畫一個圓。

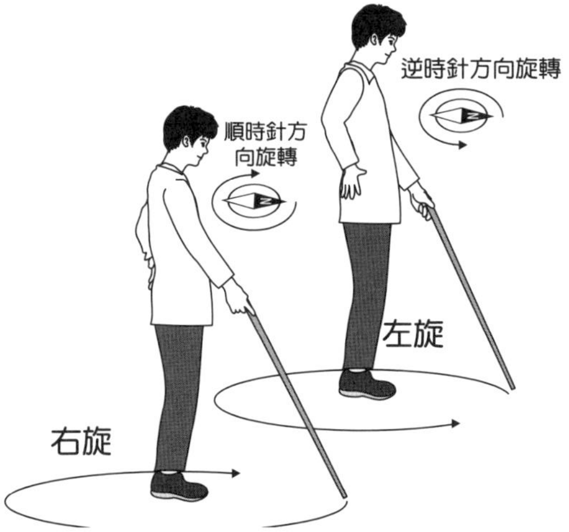

訓練開始

輪流進入兩個圓圈，比較看看待在哪個圓裡更自在。我相信一定有哪個圓圈，會讓你感覺待在裡面「心情愉快」「有安全感」「好像得到療癒」。

診斷

那麼，請問你是「右旋還是左旋」呢？相信一定有人感到納悶：為什麼右旋和左旋會有不一樣的感覺呢？

關於這個問題，有人提出以下的說法。當我們拔掉浴缸塞子，北半球和南半球的水流漩渦方向會剛好相反，而此現象正是受到了磁場的影響所致。

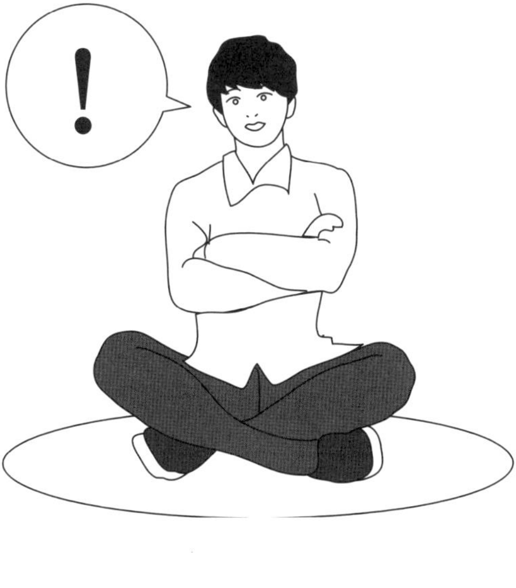

確認自己的體質屬於右旋或左旋後，只要懂得善用這一點，就有機會從中獲益良多。

例如比腕力。請各位找個腕力和自己差不多的對象，進行小小的實驗以驗證這個說法。一開始，按照平常進行的方式較量即可。勝負不重要，重點在於了解當下自己大概出了多少力氣。

接下來則要靠右旋或左旋的力量一決勝負。**如果是右旋的人，請在較量開始前閉上眼，想像自己以順時針方向轉圈的模樣。**雖然只是個小動作，卻能為你增添驚人的力量。

另外，利用比腕力還可以進行其他實驗。剛才要各位做的是想像自己轉圈的模樣。接下來請在較量之前或進行途中，請一位第三者在你身邊繞圈。右旋的人，就請對方以順時針的方向繞圈，左旋的就以逆時針方向繞圈。相信能夠讓各位體驗到驚人的效果。

這招還可以在緊張的場面派上用場。只要記住，**右旋體質的人走路時從左腳跨出第一步，而左旋體質的人則從右腳跨出第一步，就能喚醒身體的力量。**

聽起來雖然難以置信，但遇到重要場合時，只要留意以正確的那隻腳踏出第一步，緊張感便會瞬間煙消雲散。

探索潛在能力之謎❶

這些地方也隱藏著「右旋力量」

▼〈籠中鳥〉唱的是一種恐怖儀式

〈籠中鳥〉是一首日本人耳熟能詳的童謠。據說，這首小孩子邊玩邊唱的童謠，也應用了日本人「左進右退」的右旋效果。

唱著〈籠中鳥〉所玩的抓鬼遊戲，是典型培養超能力者的方法。長年以來，在日本東北地方被稱為「降地藏」。

在大夥兒圍著正中央的孩子轉圈的過程中，力量會被凝聚起來，而正中央的孩子會陷入恍惚狀態，讓神明附身。聽到「站在你後面的是誰」這個問題時，若他能說出正確答案，代表降臨到這個孩子身上的地藏菩薩確實是本尊。接下來便能進行帶有實用性質的占卜，例如詢問「明年會豐收嗎」。

〈籠中鳥〉雖然被當成小孩子玩的遊戲，但也稱得上是某種儀式。

▼所謂的祭典都是超能力的儀式？

日本的祭典雖大多看起來熱鬧滾滾，但基本上沒有一項是為了娛樂而辦。

例如盆舞。盆舞時會不斷重複手臂從上到下的簡單動作，那其實是源自「把宇宙的氣送到作物、把宇宙的氣送到作物」的祈願。

另外，讓年長男性坐在櫓上，也象徵著由大家替他「集氣」，助他破除厄運、避免衰運纏身的意義。

此外，阿波舞等舞蹈也源自於「把氣灑遍整個街道」的意義。

基本來說，舞蹈的產生一切來自氣的技術，所謂的「氣」，具備天．地．人三大要素。

具體而言，就是連結人與生物的力量、由地球釋出的氣的力量、從宇宙發出的氣的力量。雖然我們渾然不知，但是擺出來的姿勢和舞蹈動作，就是為了結合這三種氣。

例如把手往上舉起的動作，意味著吸收從宇宙發出的氣的力量；而手往下降的動作，則是為了吸收大地的氣。

另外，把手放在身體中央，或是放在胸口上，代表著要把生命的氣，也就是把周圍的人的氣，納入自己懷中。

我們透過上述動作，在不知不覺中從宇宙、萬物、地球增加自己的氣。

▼麻將最適合用於超能力診斷？

麻將並不是單純的賭博、賭注或娛樂，其實從超能力、咒術的觀點來看，稱得上是別具深意的牌類遊戲。

從麻將是依照逆時針方向拿牌便可看出端倪。說得再深入一點，麻將的牌還分為金錢、食糧、身體狀況、愛情以及方位等，可說是一網打盡所有足以表現一個人命運的要素。

以前的日本人，原本只有在季節交

替、家裡辦喪事時打麻將。原因很簡單，因為那些時候都被視為人的運氣面臨轉換的時刻。

有些在葬禮上打麻將的人，體內原有的能力可能會受到有人過世的影響而被打亂，所以透過麻將，可以判斷誰沒有被過世的人所影響。

如果發現確實受到影響，就要吃些特定的食物，或是請巫師施法，以達到改運的目的。

另一方面，依照日本現今的紀錄，每到年初，宮廷中的宮人們都會在天皇觀戰之下，組隊一起打麻將（當時的牌是木簡）。

當時的麻將被稱為「天覽」麻將，意思是天皇看的不是整體輸贏，而是從「啊，他在這方面的能力很強」「運氣站在他那邊」等觀點，判斷宮廷內每個人的超能力潛能，再用於人事的安排。

其實，源自西洋的撲克牌也含有幾分咒術的意味。撲克牌和塔羅牌可說是系出同源。差異在於，塔羅牌調查的是一個人散發出來的「氣」。

由此看來，就算我說這些平常只被大家當成是「娛樂」的遊戲，其實每一項都包含超能力的要素，也絕對不是誇大其詞。

第二章

我是ESP？還是PK？

診斷能力類型！

其實每個人都擁有「超能力」

我相信很多人透過上一章的訓練，知道自己竟然潛藏著如此神奇的力量，一定感到相當意外。不過，大家現在就驚訝還太早。本章要解鎖的是，讓你知道自己能夠使用哪些超能力，或者了解自己是哪種類型的超能力者。

其實每個人身上都潛藏有一般人常說的「超能力」。除了你和我，身邊的親朋好友、鄰居，每個人都潛藏著出色的能力。

不過話說回來，雖然說都是超能力者，其實每個人的能力和擅長領域都不相同。**就像沒有人的長相或性格和別人一模一樣，超能力的性質與強弱也因人而異。**

或許知道的人很少，但超能力的範圍相當廣泛，可說是包山包海。舉例而言，聽到超能力這三個字，一般人腦中馬上想到的不外乎彎曲湯匙、念寫、透視、治癒，還有通靈（與其他次元的意識交流）和預言吧。

不過，這些都只是超能力的一小部分，也就是侷限在一定範圍的能力。

而一般人普遍認知的超能力，並不屬於上述能力的任何一種。

作為本書主題的直覺力，也屬於一種超能力。必須在短時間內下重大決定時，能夠相信自己的直覺走向成功，也算是一種厲害的超能力。

接下來，請各位一起看看自己究竟屬於哪一種類型的「超能力者」。

section 10

了解自己是哪種類型的超能力者
能力者診斷

◉人數／1人

超能力可大分為「被動」和「主動」兩類，也就是「感受型」與「施加影響型」。前者能夠感受生命體和物體散發的氣或力量，而後者能夠使移動的物體停下來，或是使靜止不動的物體動起來等，影響生命體和環境。

同樣的，**超能力者的能力也分為被動型和主動型**。所以，讀到這裡的你，身上也蘊藏著這兩者之一的能力。

另外，所謂的超能力，也和一個人根深蒂固的人格與性格、原本擁有的各種能力有著密切的關係。

因此，一個人的可能性以及對社會的影響力、職業、戀愛、生活方式，有時會因為自己具備的超能力類型，以及強度而受到改變，甚至連人生都因此翻轉。

接下來，請各位先來確認一下自己究竟是屬於「被動型（ＥＳＰ型）」，還是「主動型（ＰＫ型）」。

所謂的ＥＳＰ是「Extra Sensory Perception＝超感知覺」，而ＰＫ是「Psychokinesis＝念力、念動力」。知道自己屬於那種類型的超能力者，也是提升自我超能力的一大祕訣。那麼，請各位利用下頁的表格進行自我診斷。

超能力者調查表

▼調查方法

在下列調查表的30個問題中，若有符合自己的狀況，請在確認欄位打○。而且要在5秒內回答每道題目。

No.	問題內容	確認欄
1	比起寒色系（藍色系和綠色系），更喜歡暖色系（紅色和黃色等）。	
2	不喜歡待在人擠人的地方。	
3	喜歡吃肉勝於吃蔬菜。	
4	比起暖色系（紅色和黃色等），更喜歡寒色系（藍色系和綠色系）。	
5	容易被靜電電到（容易帶電）。	
6	搭捷運時，覺得坐在最邊緣的位置比較自在。	
7	自己經常使用的電器用品容易故障。	
8	不是很喜歡磨得亮晶晶的金・銀製品、金・銀紙製品。	
9	慣用的時鐘容易故障。	
10	屬於過敏體質。	
11	如果是微小的願望，實現的機率頗高。	
12	即使是初次見面的對象，也能經常憑著直覺就了解對方的想法。	

No	問題內容	確認欄
13	喜歡按照自己的步調，做些與眾不同的事。	
14	只要觸摸水晶等寶石類就覺得很舒服。	
15	覺得自己屬於強勢的個性。	
16	只要接觸打磨得很光滑的天然礦石，就覺得心曠神怡。	
17	屬於有自信的人。	
18	只要待在溫熱的鐵器旁邊，就覺得不舒服（不喜歡鐵特有的味道）。	
19	放在房間裡的觀葉植物經常枯萎。	
20	喜歡蔬菜勝過肉類。	
21	與小朋友接觸時，對方有時臉上會露出不知所措的表情，甚至開始哭泣。	
22	喜歡貓勝於狗。	
23	衣服的線頭容易散開，看起來皺巴巴。	
24	自己曾經被別人說「你很神經質」。	
25	鞋底容易磨損，消耗得很快。	
26	即使鑽進被窩，也不容易馬上入睡。	
27	眼鏡的鏡架不知道在什麼時候就歪掉了。	
28	夢中的事情曾經在現實中發生。	
29	喜歡狗勝於貓。	
30	常常覺得與人往來很麻煩。	

你是ESP型還是PK型呢？

●調查票打〇的偶數號碼超過五個的人就是「ESP型（被動）」。
●打〇的奇數號碼超過五個的人就是「PK型（主動）」。
●打〇的奇數、偶數號碼各超過十個的人是「全能型（被動・主動）」（奇數、偶數號碼各超過五個的人，雖然很有天分，但尚未嶄露頭角）。

統計之後，請問你是哪種類型呢？

我想每個人測驗後得到的結果都不一定完全符合原本的預期。例如有人的情況是「自己平常就蠻強勢的，所以果然是PK」，但也有「我應該是蠻喜歡出風頭的類型，沒想到是ESP」。

但無論結果如何，也不會改變你確實很有能力的事實。

重要的是，掌握自己屬於哪一種類型能力後，如何與潛藏在自己身上的力量和平共存，並使其大放異彩。

ESP能力者與PK能力者的差異為何？

一般而言，PK（主動）能力是建立在ESP（被動）能力之上。舉例而言，當我們展現出超能力，雖一開始是ESP能力，但一段時間後會逐漸衰退，轉變成是PK能力。

不過，並不是每個人的情況都可以做出明顯區分。有些後來擁有PK能力的人，仍然保有ESP能力，成為全能型；另外也有ESP能力完全消失，只剩PK的人。當然，也有人從頭到尾都是ESP。

說到這裡，想必一定有人好奇，原本是ESP的人，是在何種契機下轉型為PK呢？不過，目前很難特定出一個明顯的分歧點，或是變身後一定會成為什麼樣子。

總而言之，類型的區分沒有非常明顯的分界線，只能以互相比較的方式判斷。

不過，變身的契機還是存在的。舉例而言，當人的情緒處在不穩定的狀態，對周圍的資訊和狀況會變得非常敏感。

當人變得敏感，ESP能力也會跟著提高。但是，極度亢奮的ESP，會把赤裸裸的內心扯得四分五裂，導致不斷膨脹的不安終於超載而爆發。也就是所謂的「理智線斷裂」狀態。

但是，**怒氣爆發的一瞬間，便得以發揮強大的PK能力。**有時，連附近的電器用品都會受到波及，尤其是能力強大的人，甚至還可能引起騷靈現象等超自然現象。

另外，有些人是透過性經驗從ESP轉為PK類型，不過這種情況只會發生在女性身上。

總而言之，變身的契機有可能在任何情況下發生。

PK能力者身上潛藏著一股驚人的力量

既然各位已經知道自己究竟屬於PK型或ESP型的能力者，接下來要掌握的是超能力的強度與適合運用的場合。因為「即使是ESP，也有特別擅長的領域，同時也必須知道自己的程度高低，以及是否具備PK」。

以PK型而言，其超能力可以施展的範圍非常廣泛，從生物乃至靜物。要對固定的物體產生影響力，需要非常強大的念力，與之相較，如果對象換成生物或不穩定的物體，就不需要如此強大的念力。

一般而言，必須先有ESP能力才會有PK能力。因為，是否有能力解讀「對象的本質」，掌握了PK能力的關鍵。

具體而言，如果能夠利用ESP能力瞬間掌握該物件的弱點，接著發動念力（PK能力），效果將會大為提升。以下為大家介紹一則充分應證這段話的真實案例。

一九七〇年代，超能力者尤里．蓋勒（Uri Geller）曾在日本掀起熱烈討論，他進行過一項實驗，亦即發動念力，讓某間百貨公司的手扶梯停止運轉。

他一邊發動念力，一邊從一樓搭上了電梯。結果，當他抵達四樓，電梯剛好嘎然而止。

負責全程攝影的工作人員們立刻一片嘩然。緊急調查之後，發現電梯裡一條最脆弱的保險絲斷掉了。而且，據說斷掉的樣子看起來相當不自然。

正如這個真實案例所示，超能力，尤其是PK，有能力在一瞬間，找出最有效率的方法，以念力達成自己的目的。

舉例而言，假設現在有位超能力者打算移動你面前的咖啡杯。首先，他會利用ESP，瞬間找出咖啡杯的弱點，再把PK施加在這個弱點上。

如同先前的說明，穩固的東西較不容易找到弱點，所以移動起來很費力。不過，只要對象有著弱點，或是放置在容易傾倒的位置等具備不確定因素的物品，PK就容易「有機可趁」。換言之，PK最大的強項是能夠影響固定的物體。

舉例而言，有辦法彎曲湯匙、具備能夠不用手觸碰，就讓東西移動的「念動力」（參照第七章）的人，絕對只是少數。撇開變戲法和變魔術不談，能夠做到上述兩者的，在日本也是寥寥無幾。更何況如果是念動力，需要龐大的力量才能發動。

另外，如果是這種等級的超能力者，有些人甚至可以做到瞬間移動。包括讓自己瞬間移動到不同空間、把能量不多的東西從其他空間送到自己身邊等，雖然聽起來令人難以置信，但具備如此恐怖能力的超能力者，確實存在於現實。

至於等級較低的PK，**有些人則有辦法影響非常不穩定的物體**，包括移動紙製的「彌次郎兵衛（一種平衡玩偶）」、調節蠟燭火焰的長度等。

不過，也有能夠對生命體發動力量的ＰＫ。療癒（參照第八章）算是其中的典型。

下頁的「能力確認表」是依照因超能力引發的現象所分級編排而成。只要從實際成功的項目進行確認，就能夠立刻知道自己是哪個等級的超能力者。光是能夠檢測自己至今尚未被發現的能力，對接下來的能力開發，應該能發揮很大的助益。

能力確認表

以下的10個項目，是按照超能力者引起的代表性超能力現象等級順序做序排列。

①～②即使是能力尚未開發的初級超能力者也能辦到的事
③～⑤開始嶄露超能力頭角的中級超能力者
⑥～⑦實力相當堅強的高級超能力者
⑧～⑩實力深不可測的超級超能力者

初級	①只要對著某根香蕉伸出手，就能讓這根香蕉吃起來比其他香蕉美味。
	②只要對著植物伸出手，就多少能加快植物生長的速度。
中級	③對放在針上的紙製「彌次郎兵衛」伸出手，能夠讓它轉動。
	④可以讓浮在水上（浴缸等處）的軟木塞和紙片，朝自己希望的方向移動。
	⑤治療（對著患部伸出手）10位身上有病痛的人，結果超過6位的症狀得到緩解。
高級	⑥只須以手握住並灌注念力，就能提升水晶的透明度，使翡翠等寶石的色澤變得更加美麗。
	⑦能夠以念力彎曲湯匙和叉子。
超級	⑧只須凝視著湯匙和叉子，就能折彎它們。
	⑨曾經以念力移動靜物。
	⑩曾經瞬間移動物品。

在八項「ESP能力」類型當中，你屬於哪一型？

以ESP型而言，能力的分類會比PK型更細。即使都屬於ESP型，由身體的哪個部分負責接受外部的資訊，可說因人而異。

因為每個人各有擅場。有些人屬於視覺能力特別強的類型，但也有各自在聽覺、嗅覺、味覺、談話、感受等擁有超人般能力的人。

以下為各位說明八項ESP能力。

第一是「**超視覺**」。包括能夠看到對方正在想的事情、透視牆壁的另一面，以及明明是遠處發生的事，卻能夠看得一清二處，宛如就在自己的眼前上演。換言之，就是**把資訊化為自己親眼看到的影像的能力**。

第二是「**超聽覺**」。以下要談的是我個人的親身體驗。當時我還是個高中生，那天有個朋友因為騎摩托車出車禍，不幸

過世了。

我原本躺在家裡睡覺，半夜卻突然聽到摩托車發出的噪音而嚇得跳起來。我聽到了引擎的低吼聲、鍊條纏在一起的喀啦聲，還有猛烈的撞擊聲。

後來我才知道，我聽到這些聲音時，我的朋友也在同一時刻發生了車禍。我的**超聽覺捕捉到了跨越空間的訊息**。

第三是「**超嗅覺**」。舉例而言，有人走在路上時，一陣梅花的清香突然撲鼻而來。但是，四下張望以後，並沒有看到梅樹。因為很想知道到底是怎麼回事，於是做了調查。才知道這個地方以前曾長了一棵很大的梅樹。上述的情況，就是**把訊息轉換成味道而體現的感覺**。

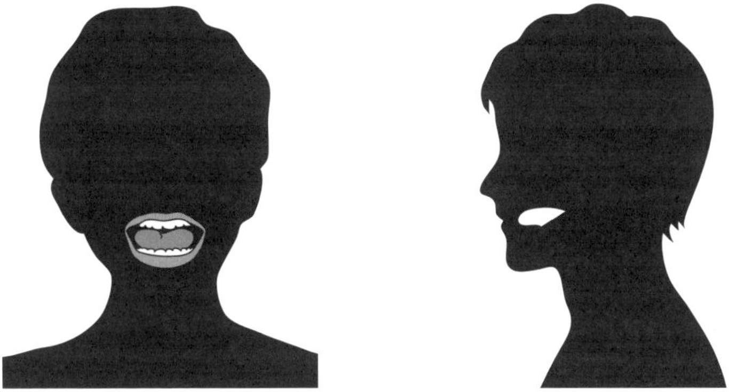

第四是「**超味覺**」。就像我們常說「那個人有種味道」一樣，一個人的本質確實能夠以味道來比喻。把這種感覺磨練到極致就是「超味覺」。

舉例而言，當我們遇到初次見面的對象，如果對方有可能對你造成危害，你的嘴巴會感覺到一股苦味；相反的，如果對方對你抱持著善意，口中可能會嚐到一股甜味。簡單來說，就是**把訊息轉為味覺所體現的感覺**。

第五是「**談話**」的ESP能力，類似「潮來（讓死者附身在自己身上的巫女）」，也就是**透過喉嚨感應訊息的能力**。

田原澄女士是日本早期的知名靈媒（把異次元意識傳達給人的媒介者）。她原本任職於醫院，而且晉升到護理長的職位，平常的表現就像一般的護理師，完全沒有奇怪之處。

但是，這位田原女士某天張開嘴巴睡覺的時候，卻發生了一件不可思議的事。

從小就因為遺傳自父母的
冒失個性而吃了很多虧

田原女士身邊的人，聽到了一陣沙沙聲。側耳傾聽之後，發現是從田原女士的喉嚨裡傳來一陣收音機的聲音。這樣一則令人震驚的故事就發生在一九二七年左右。

第六是「**靈感**」。簡單來說，就像「突然靈光一閃」。舉例而言，假設有個人在寫文章的時候，腦中突然浮現一個句子。這個句子似乎出自他從未拜讀過的文學大作，而且是作者常用的名言佳句。但腦中浮出這個句子的本人，對此卻一無所知。即使別人問他：「你怎麼會突然想到這個句子？」他也說不出個所以然，只能說就是突然想到。

具備這類能力的人，在超能力用語中稱為「浮現」。

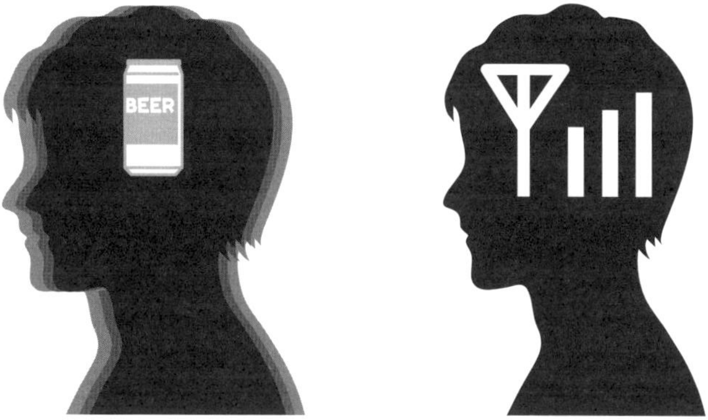

第七是「靜體感」，和第八的「動體感」是相對的概念。簡單來說就是「全身感應器」。聽我這麼說，或許很多人會覺得一頭霧水，但是我相信各位對這種能力並不陌生。

比方說，有時候明明沒有起風，卻感覺到一股寒意，或是身體莫名發熱、身體各處突然抽動……相信上述情況一定都曾發生在各位身上過吧。另外，經過某塊土地的時候，突然覺得後背發涼等，也屬於一種靜體感。

順帶一提，一般認為「與死亡相關的訊息會使身體發冷」，相反的，「感覺到氣的力量時，身體會發熱」。

如同上述，所謂的靜體感，就是由分布於全身各處的感應器接受來自外界的訊息，再以某種感覺的形式向我們傳達的一種ESP能力。

第八是「動體感」。也就是身體成為訊息的載具。

舉例而言，假設你旁邊坐了一個大量黃湯下肚的人，結果原本沒打算喝酒的你，也跟著貪杯。簡單來說，就是他人原本讓你非常介意的行為，你卻在不知不覺中也跟著有樣學樣。

其他的例子包括明明是首次造訪的地方，卻完全聽得懂當地人說的方言，甚至還能用該方言與對方溝通無礙等，這也是拜動體感所賜。

身體會如何感受到以上八項的超感覺？

以上為各位介紹了八種基本的ＥＳＰ能力。擁有ＥＳＰ能力的各位，請務必釐清自己的超感覺究竟是哪一項，並持續鍛鍊這種感覺。相信專屬你的超感覺，一定會成為最強的探測器，除了向你報喜，當外敵出現與傳來噩耗，也會向你示警。

話說回來，是否每個人都擁有這八項超感覺呢？具體而言，我們又是以什麼樣的方式感受這八項超感覺呢？

舉例而言，視覺能力強的人，不論遇到什麼，一律會化為視覺。換言之，**不限訊息的種類，全部翻譯成視覺**。

或許聽起來有些抽象，因此接下來便以我個人的親身體驗為各位說明。有一次我站在某個朋友面前，結果看到他的身後出現了一個「停車讓行的標誌」。我覺得很不可思議，於是忍不住問了朋友：「我看到你背後有一個停車讓行的標誌，你知道是怎麼回事嗎？」

沒想到聽我這麼一問，朋友立刻大驚失色，對我坦承：「老實說，我剛才開車來的時候，是有看到停車讓行的標誌，但我直接開過去，沒有停下來，結果被警察開了罰單呢。」

上述的情形僅是其中一例。像我這種視覺能力特別強的ESP能力者，大多會把各種來自外界的訊息翻譯成「視覺」。

另一方面，如果是「超聽覺者」，只要看到對自己懷有嚴重敵意的人，立刻就會聽到理應不存在的警報聲。

另外，同樣是遇到對自己懷有敵意的人時，「超嗅覺者」可能會從對方身上聞到輕微的焦味。或者是光看到紅色，就聞到草莓味……總之，無論接收到何

種訊息，都會翻譯成自己擅長的感知。

只要身為ＥＳＰ型的超能力者，每個人都具備這種感知的超能力。不過，不會有人告訴你「其實你擁有○○方面的超能力」，所以連具備這種能力的本人，也大多渾然不知。不過我進行了調查之後發現，**能夠把訊息翻譯成視覺、嗅覺、味道，還有聽覺的人多到令人吃驚**。

ＥＳＰ能力若是發揮到極致，就能夠當作最厲害的情報探測器，好好運用。但是因為感度過高，若是運用不當，反倒有可能發揮極大的破壞力，成為重傷自己的回力鏢。

ESP能力高的人也能夠超越時間與空間的限制

ＥＳＰ能力基本上由「超視覺」「超聽覺」「超嗅覺」「超味覺」「談話」「靈感」「靜體感」「動體感」所構成。但另外還要加上「時間」和「空間」兩大要素。

搭配了這兩大要素後，ＥＳＰ能力就能超越時間與空間，察覺所有訊息。

察覺訊息的能力強弱，當然也因人而異。有些人擅長感知過去的事，有些人則擅長感知未來的事。另外，有些人對感知自己身邊的事很有一套，但也有人反而對感知遠方發生的事更有把握。總之，每個人各有擅長的領域。

一個人擅長的領域為何，也深受個人的因素影響。包括特別嚮往的地點、與祖先起源有淵源的地方、未來志向、無法忘懷的過去等。

另外，這八項ESP能力的根源，也會受到未來、過去、空間的遠近等每個人擅長的因素所影響，因此感應的方式會各不相同。

總而言之，超能力的恆常法則是會朝天賦特別過人、天生就高人一等的領域發展。正如日本有句俗諺說「好者能精」。用這句話來形容超能力可說再貼切不過了。

淬鍊之後的ESP能力，可以把你從危機中拯救出來

前述已經說明，潛藏於我們身上的ESP能力，在遇到危機襲擊以及幸運降臨時，會透過各種感覺通知你。

其實，只要掌握某些方法，便可以依照一大早的身體狀況，預知當天遭遇危險的機率。以下就為各位介紹其中幾個。

section 11

透過早晨的脈搏，確認一天遭遇危險的機率

「三脈法預知」訓練

◉人數／1人

首先為各位介紹從古流傳至今的「三脈法預知」。方法很簡單，只要確認手腕、左右的頸動脈這三處脈搏是否一致就可以了。

訓練開始

● 一早醒來後，以最放鬆的姿勢深呼吸（可以躺著，也可以坐著）

● 尋找左手腕附近的脈搏，以右手手指輕壓（建議以大拇指）。

● 右手持續壓著左手腕，同時以左手的大拇指與食指，壓住脖子左右兩邊的頸動脈（參照下方插圖）。

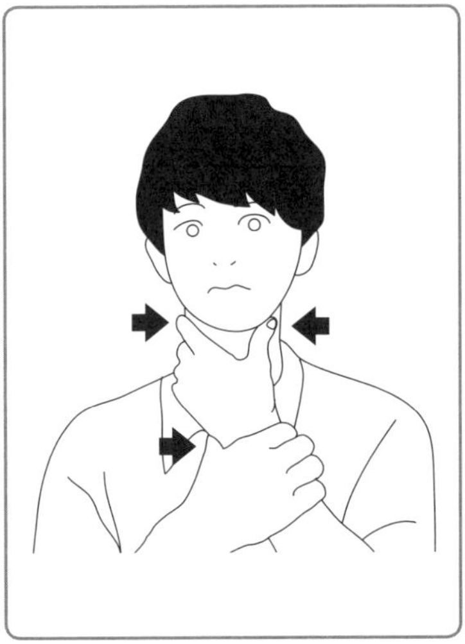

●確認這三處的脈搏是否一致，還是有落差。

診斷

如果覺得這三處的脈搏不一致，當天就須特別注意。因為**那就是身體已經察覺會有不好的事發生而異常緊張的證據**。

遇到這種時候，就算急著想逃也徒勞無功。無須費力掙扎，平靜地接受「今天就是危險日」的事實，盡量保持平常心。這是安然度過凶日的最佳之道。

section 12

如果光沒有出現就要小心了！

「眼皮的光」訓練

◉人數／1人

訓練開始

●閉上雙眼，以食指與中指指尖按住右眼眼尾。

●如此一來，沒有被按住的另一側（右眼眼尾的內側），應該會出現光圈，或是出現色澤與周圍不同的區塊（參照下方插圖）。

診斷

如果沒有出現光圈或色澤與周圍不同的區塊，當天就要特別注意。因為這表示視覺神經處於異常緊張的狀態。切記不要冒險。**保守行事方為上策**。

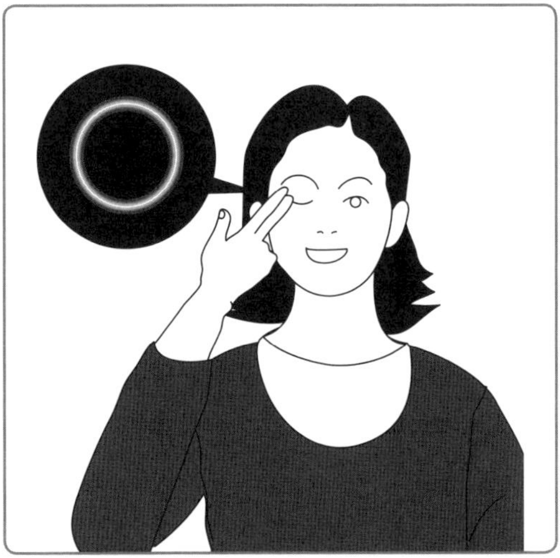

section 13

如果有蜘蛛靠近你……「小動物為你牽紅線」訓練

◉人數／1人

「一早看到鴿子表示有客人會來」「早上如果看到蜘蛛，表示正在等待的人會來」。一日本自古以來就流傳著許多類似上述的說法。有些人認為這種傳說是缺乏根據的迷信，但從超能力的角度，卻能做出完整的解釋。

例如，蜘蛛是一種生性謹慎的生物，平常不輕易現身，所以當牠出現在人的面前，可以推測必定是受到某種強大的力量所吸引。換言之，從你身上散發的力量，連身邊的動物都深受吸引，變得異常興奮。

換句話說，**現在的你正發揮一股異於平常的力量，能吸引生物主動靠近你。**

當然，人也會主動靠近你。以前的人，想必就是透過這樣的體驗來確認自己的超能力吧。

最後請記住，蜘蛛靠近你的那天，就表示「你在等的人會來」。

section 14

身體的異常是來自未來的訊息
「身體・徵兆」訓練

◎人數／1人

我們的身體具備類似偵測器的功能，能提供各種消息，但是出現於身體的徵兆還會隨著訊息的種類而有不同。舉例而言，如果兩腳的大拇指同時感到疼痛，就是必須當心的危險前兆。奉勸你最好停下所有手邊正在進行的事。因為疼痛就是透過身體發出的徵兆，警告你「現在必須轉換心態」。

若把身體接收的感覺分門別類，「疼痛」「搔癢」「冰冷」等都屬於負面消息，相對的，如果是「溫暖」「舒服」，則能發揮正面效益。另外，「火燒般的疼痛」「砰砰聲」的感覺，則具有更強烈的意義。同時，身體的左側代表男性、積極主動的心態、GO暗號（YES）；而右側代表女性、消極的心態、停止暗號（NO）。

下頁彙整了身體各處發出的危險信號所代表的含意。請各位以此為參考，試著透過身體發出的信號，預測未來。

身體各部位發送的危險信號

	危險信號
頭髮	接收來自周圍的意念與靈氣的天線。如果想放棄對一個人的感情，可以剪掉頭髮。
頭部	人必須拚命動腦筋思考事情，所以頭部容易產生疼痛、出問題是其來已久的事。這也代表身體已到了極限，無法繼續衝鋒陷陣。最好前往醫院就診，好好休息。
眉毛	表示前途的發展性。將來如果變得悲觀，眉毛會跟著變得稀疏。眉毛濃的人代表企圖心強，而眉毛稀疏的人代表個性穩重踏實。若想修眉毛，表示對未來感到不安。
眼睛	流露感情的部位。據說對愛情感到不安時，容易罹患眼疾。視力差的人，感情有容易轉淡的傾向，須要努力愛人與被愛。
耳朵	反映出聽不進別人忠告和話語的情緒。變得疼痛或聽不清楚。
鼻子	表示自我。如果對別人擺架子，自己的鼻子也會出狀況。必須檢討自己的態度是否太過高傲。
臉頰	表示不好意思、害羞的心情。如果堅持己見，臉部肌肉會變得僵硬。
嘴巴	有句話說禍從口出。暗示不可把話說得太滿，也不要道人長短。
下巴	表示要注意和雙親之間的溝通。戽斗的人要注意可能會頂撞父母。
脖子	表示一個人的視野與心胸格局。也會顯現出精神上的障礙。

	危險信號
肩膀	表示對人的依賴心。過度仰賴別人，或是受人託付時，過重的負擔會使肩膀變得僵硬。
手臂	手肘以上反映的是財務方面的問題。手肘以下反映的是人際關係與工作上的問題。
手肘	表示與他人之間的感情。撞到什麼東西很痛時，表示與人起口角。
手掌	反映出希望。
手背	反映出回憶。
手指	大拇指→反映與父母、長輩等緣分較深的人。 食指→反映與他人的關係。 中指→反映出家務事、血緣關係。 無名指→反映出親戚。 小指→反映出情人、朋友等。
指甲	壓抑自己的心情。
腹部	反映出堅持己見、身體不適。
胸部	帶有強烈的排斥感。
腰部	反映出上下之間的關係。
性器	反映出內心隱藏的部分。
腳部	金錢、未來的事，以及感情。愈靠近腳尖，表示愈接近未來。
腳背	反映出目前遇到的事。

各能力者類型的投緣指數診斷

知道自己屬於ＥＳＰ型能力者還是ＰＫ型能力者後，接下來便來算算心儀的對象和自己的速配指數吧。

坊間有各種星座、血型、兄弟姊妹速配指數等占卜法，但是根據超能力類型進行的占卜，還能夠避免讓你將來遭遇不幸。

▼PK與ESP互為理想的伴侶

如果只就個性的契合度而言，ＰＫ與ＥＳＰ是最理想的組合。事實上，我們平常看到的神仙眷侶，絕大多數是ＰＫ與ＥＳＰ的組合。

不過，PK與PK、ESP與ESP之間有時也會擦出愛情的火花。雖然不一定會成為怨偶，但還是須要特別注意。

▼雙方都是ESP是最不理想的組合

如果雙方都是ＥＳＰ，想要順利交往的前提是，彼此都要有自知之明，認清自己的超能力尚有不足之處與缺點。

這點也是所有具備超能力體質的人，不可忘記的共同注意事項之一。因為ＥＳＰ的頂尖高手，防禦本能太強，導致不論遇到什麼人都只看對方的缺點，同時看待未來也很悲觀，而且還**一直對過去的事耿耿於懷。總之，最大的缺點就是負面思考。**

所以，同為ＥＳＰ的情侶即使曾經海誓山盟，愛得轟轟烈烈，卻在步入禮堂前黯然分手，或是離婚的例子多不勝數。

▼雙方都是ＰＫ的組合要注意財務問題

ＰＫ型的人，個性樂天、充滿自信，而且喜歡把話講得很滿，滿腦子想的只有未來。兩個都是ＰＫ型的人一旦交往，優點是每天都充滿樂趣與刺激，而且面對生活的態度很積極。但是，ＰＫ型的人，面對經濟方面等現實問題，卻很習慣使出拖字訣，不想面對。

另外，**ＰＫ功力尚淺的男性和ＥＳＰ的男性，一旦臣服於個性強烈的ＰＫ女性，恐怕會被對方玩弄於股掌之間。**

事實上，以超能力而言，原本就有男性被女性支配的傾向，而男性對女性所能發揮的超能力影響力可說微乎其微。原因在於，女性的肉體有部分要保留給未來，所以先天在超能力方面占了上風。這也是為什麼超能力者以女性居多的原因。

ESP能力強大的女性婚後失去能力的原因

有些女性被稱為有幫夫運，但也有些女性剛好相反，說得誇張點，被稱為有剋夫命。不過，從超能力的角度來看，或許能夠說明為什麼會有這樣的差異。

一般認為，PK大多有幫夫運，而ESP是剋夫命。

ESP屬於**感受型，有著會吸收對方的氣的特質**。很多女性因為這分吸收能力，連原本的超能力體質都被改變了。

舉例而言，一個ESP能力強的女性，與PK能力強的男性墜入愛河之後，最後轉變為PK體質的例子屢見不鮮。因此，一個優秀的ESP能力者只要一結婚，立刻失去感受能力的例子很多。

以前要成為巫女，僅限於尚未迎接初經的女孩，原因是迎接初經以後，感受能力就會下降，預言也不再準確。

孩童在沒有受到來自外界的各種刺激下，反而能保有感受能力的敏銳度，而且想要吸收、想要被看到、想要得到注目、想要對周圍發揮影響力的強烈意念也發揮了一臂之力。

反過來說，以前也曾發生縱使極具天賦，卻在開始受到世間的注目後，能力馬上消失的案例。在一九七〇年代掀起的「超能力少年・少女」風潮當中，曾活躍一時的孩子們，隨著年紀增長也逐漸失去了超能力。透過這個現象，也讓我們更加看清超能力的本質。

能力者類型與職業的選擇有關係嗎？

從ＥＳＰ型和ＰＫ型的差異，可以判斷能力者是否選對了職業。舉例而言，有很多藝術家都是ＥＳＰ。所謂的藝術家，大多具備想要接收各種資訊以應用在作品上的衝動，所以需要ＥＳＰ能力，以把資訊巧妙的容入自己的作品。

不過，偉大的藝術家大多是從ＥＳＰ型轉為ＰＫ型。要能開創與眾不同的新作風，而且作品能獲得眾人競相爭購的畫家，關鍵就在是否從ＥＳＰ型轉為ＰＫ型。如果沒有轉型，就無法跳脫模仿的世界。從事企劃・開發工作、服務業、工作較不穩定的自由業者，都有ＥＳＰ能力較強的傾向。

雖然獨立接案工作者以ＰＫ型居多，但他們卻傾向於不斷改變職業。因為ＰＫ型的人，不喜歡永遠被同樣的工作束縛。

探索潛在能力之謎❷

那種超常現象居然也是超能力幹的好事？

▼其實你也能做到跳火圈？

以前有段時間，電視台經常播出「特異功能大集合」之類的節目。登場的來賓都會表現各種常人做不到的事，包括行走在火上的「渡火之術」、躺在碎玻璃卻毫髮無傷的特技等。

事實上，要順利完成這些危險動作正需要PK能力。表現危險的特技也算是自我催眠的一種，必須比平常更加謹慎小心地控制自己的身體。

跳火圈算是初階PK，其實，只要大膽去做，不要猶豫不決，對超能力者而言並不算太難。人的體內有大約七成是水。既然水分的含量高，只要溫度差異也大，那麼就算走在滾燙之物上，也不見得要向高溫低頭。我本身也走過燒得火紅的煤炭爐，感覺並沒有想像中燙。

走在玻璃碎片上也是換湯不換藥的道理。其實，腳底的皮膚不太容易受傷。當我們走在平坦的地上，若被一塊碎玻璃刺進腳底，當然會立刻見血，但改走在鋪滿碎玻璃的路時，玻璃造成的傷害力會被分散，所以只要不是閉著眼睛亂走，施加在一小塊玻璃碎片上的體重，並不會對人體造成很大的傷害。

從這個角度而言，在電視上播出的「危險特技」，其實你可能也辦得到。不過，火和玻璃碎片畢竟還是有可能釀成災禍，如果運氣不好，說不定會受傷。所以在此呼籲大家，千萬不可輕易嘗試。

▼靈媒是ESP還是PK呢？

所謂的「潮來」等靈媒，從其工作性質來看，想必會有很多人以為他們應該是ESP能力者吧。不過，實情並非一定如此。

其實，靈媒也分為兩大類，一種是可以對某些對象發揮影響力的PK靈媒，另一種是單純感應到來自外界（靈界）訊息的ESP靈媒。

PK型靈媒又稱為「物理靈媒」，是有能力排出靈質（經物質化的靈），同時具備主動能力與被動能力的強大超能力者。

▼木屐的帶子斷裂表示有壞事發生？

常穿木屐的人現在已不多見，不過日本以前曾流傳著一種說法：「木屐的帶子斷掉不吉利」。

所謂「木屐的帶子斷掉」，就是標準ESP的靜體感能力，屬於一種身體探測術。

因為身體察覺到對自己不利的訊息，導致鞋帶承受了與平常不同的異常力量，因而斷裂。

第三章

利用預知能力避開災難，掌握幸運！

正因為未來已注定，才有可能做出預言

所謂的「預言」，種類繁多，有依據科學數據進行的預言，也有使用超能力、透過地震前鯰魚成群躁動之類的動物預測能力等預言。

另外，預言還可依照事情種類和期間分類。例如針對「說中下一張出的撲克牌花色」「察覺對方下一步的動作」等，馬上就會發生的事進行的預言；另一種是「說中賽馬的結果」「占卜今天一整天的運勢」「預知今年一整年的社會變動」等遠期預言。

以下為各位介紹每個人都能簡單上手，而且確實能提升直覺力的「預知能力開發法」。不過，在這之前，請各位做好能提高預知能力的準備。

只要找到機會就預測，能力自然會不斷提高

為了開發預知能力，最重要的就是「找到機會就預測」。

我最常推薦大家做的一件事，就是在打開電視機之前，先預測「等一下畫面會出現什麼人和什麼樣的場景」。為了鍛鍊預知能力，這個方法可說是最簡單的。

另外，只要找到機會就預測，日積月累下來，預知的能力一定會有進步。包括「每天早上丟銅板，猜猜是正面還是反面」「走在路上，猜猜對面來車的車牌號碼最後一碼」，還有「我今天會不會惹老師生氣」「今天誰會第一個打電話給我」。

如果行有餘力，我也很建議找一天設為「預知訓練日」，平常過著一般的生活，但到了這一天就火力全開，專心投入預知修行。例如若決定「每個月的十號是修行日」，就集中在這天開發自己的預知能力。

此外，為了進一步提高預知能力，養成兩個習慣很重要。第一是預測棒球和足球等「運動比賽的結果」，第二是「事前預測很快就會知道結果的事」。這兩件事做起來既有樂趣，而且馬上就知道結果，所以很容易持之以恆。換句話說，**把力氣花在預測沒興趣的事、很久以後才會發生的事，只會弄巧成拙，造成預知能力不增反降**。

舉例而言，喜歡棒球的人，可以先看看打擊區裡的選手，預測「會不會揮棒落空」「打到球了，會飛到哪裡」「往哪個方向飛」等，再進行下一步的預測。

為了提高預知能力，以上是建議各位先做好的事前準備。

section 15

在不知不覺中預測結果

「蒙在鼓裡法」訓練

◉人數／3～10人
◉道具／依照人數準備色紙

首先利用「蒙在鼓裡法」預測賽馬的結果。所謂的「蒙在鼓裡法」，就是事先不向進行預測的本人告知預測的內容，請他直接預測的方法。

換言之，進行預測的本人，不知道自己要預測的是賽馬的結果。這麼做的用意在於，如果讓本人知道預測對象，就會增加他無謂的壓力。有很多例子都是因為動了雜念，導致預測能力受阻。

準備

依照日本賽馬的規則，八組參賽馬匹的顏色是第一組白色、第二組黑色、第三組紅色、第四組藍色……。在此我們也沿用這個規則。

以一～八組共有八匹馬參賽的情況而言，代表性色分別是白、黑、紅、藍、黃、綠、橘、粉紅色。請把分別寫上這八種顏色的八張紙當作一組，發給每位要參加預測的人各一組（參照插圖❶）。

訓練開始

●向各位參加者提出請求：「隔壁房間放了一張上面寫有顏色的紙。請各位發揮透視力，猜猜上面寫的是什麼顏色。」完全不提要預測賽馬結果。只有提出請求的人自己知道就好。

●收集每一位繳回的紙，從中找出中獎的馬票（參照插圖❷）。假設這時選擇紅色的有五人，選擇白色的有三人、黃色的有一人，就等於第三組的紅馬和第一組的白馬獲勝（參照下頁插圖❸）。

●接著請在三天前與比賽即將開始前再各進行一次。這時，請用寫著數字1～8的卡片（撲克牌也可以）代替原本寫著顏色的紙。

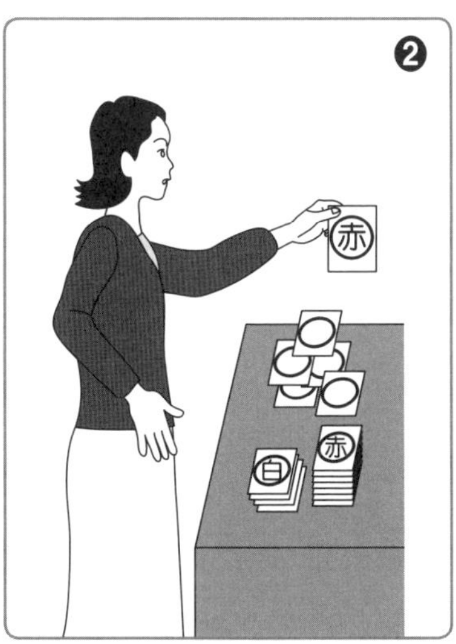

改變道具的用意是維持新鮮感。最後以多次的結果進行判斷，應該就能提高精準度。

診斷

配合進行預測的人，雖然做夢也想不到自己竟然是在預測賽馬的結果，但他們潛意識是知道的。正因如此，才能夠發揮預知能力。

若對自己預測的細節與內容感到好奇，會使情緒受到左右，即使能力再出色，也可能因此受阻。但只要使用本書介紹的「蒙在鼓裡法」，就不會有這個疑慮了。而且做出正確預測的機率還很高。

何謂可提高預知能力精準度的心腦控制法？

這個訓練想要強調的重點是，想提高預知能力的精準度，關鍵在於克制自己的躁動與壓力，以及完全瞞過自己。

「未來的事已經注定」，或是「未來的事誰也不知道」是一般人常有的想法。當然，也有人覺得「知道未來會發生什麼事很恐怖」。

想要消除這樣的想法並不容易，除非讓自己先陷入某種錯覺。

為了達到這個目的，我才會把訓練設計得像是遊戲，以模糊化真正的目的，當然，湊齊所有能夠放鬆的題材也很重要。

相對的，也有些能力者屬於「須要施加點壓力」的類型。以賽馬為例，的確有些人屬於「豪賭一百萬左右的大錢會中，換成不上不下的金額反而槓龜」。

但這類型的人，大多無法長期維持自己的能力，人生也傾向於大起大落。

section 16

憑藉對自己臉部的第一印象，掌握當天動向

「鏡子不會說謊」訓練

◉人數／1人
◉道具／鏡子

預知有關自己動向的方法之一是「每天早上起來，憑藉第一眼在鏡中看到的自己的臉，占卜當天的運勢」。

具體而言，當第一眼在鏡中看到自己的臉，如果第一印象感覺很負面，建議做好「可能會發生什麼事」的心理準備。可能性包括被人攻擊、發生讓自己笑不出來的事、工作不順等，總之須要先打心理預防針。總覺得「大事不妙」，或是精神渙散，狀態不佳時，就是壞事即將發生的前兆。

相反的，如果在鏡中看到自己的臉時，覺得沒有任何異狀，一切都很正常，代表這一天應該能過得很順利。

鏡子占卜法的重點在於，重視一早醒來的第一印象。自古以來，鏡子就是一種具備強烈宗教色彩的生活用品，被視為一種「照映自己的氣」的物品。

只要養成確認的習慣，就會慢慢掌握映在鏡中的「氣」是屬於何種狀態了。

隨著經驗的累積，你就能建立一套自己專屬的判斷標準，比方「上次出現這種表情的時候，剛好被媽媽罵了」「今天眼睛有點腫耶，大概會發生傷心的事」「看起來滿面紅光，可能有好事喔」「臉頰有點腫，今天要提醒自己不要和人吵架」。

如果能把當天自己對臉的第一印象，還有一整天最具代表性的事情、自己對這一天的感想，像寫日記一樣記錄下來更好。只要記錄三個月，你就可以推出專屬於你的「早晨面相占卜全書」了。

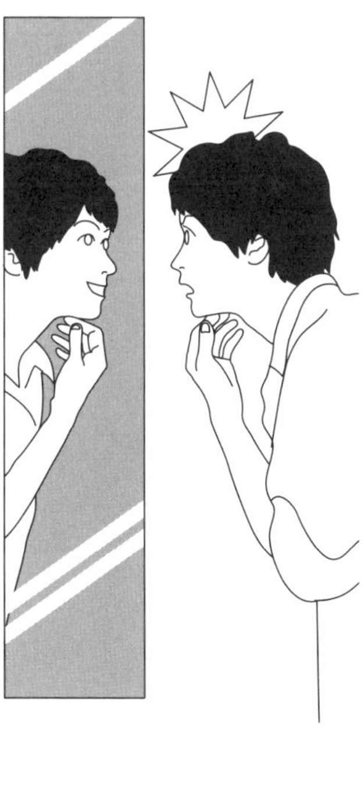

section 17

用抽到的撲克牌數字掌握今天的運勢

「1位數預知」訓練

◉人數／1人
◉道具／撲克牌

只要準備一副撲克牌，就能掌握自己今天的運勢。這種占卜法和耗時費力的卡牌占卜不同，只要翻牌就好了。雖然方法很簡單，準確率卻很高。

準備

準備同花色的九張牌，任意排列。

訓練開始

●從牌堆中抽一張牌，記下上面的數字後把牌放回去。

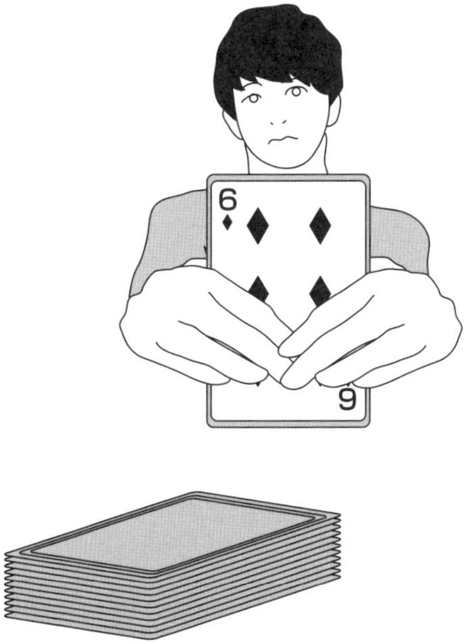

●重新洗九張牌，再抽出一張。

●重複十次。出現最多次的數字，就是你今天的命運數。

診斷

每天出現的數字應該都不一樣，不過，「出現次數最多的數字」並不是基於單純的偶然，而是一種必然。也就是所謂的「數字的共時性（有意義的巧合）」。易占卜就是利用了這個原理，賦予每個數字各種不同的意義。

另外，抽牌時的心情也會左右數字代表的是正面意義，抑或負面意義。兩者所代表的意義截然不同。

下頁的表格列舉了數字1～9各自代表的正向與負向暗示。請各位以此作為參考，仔細解讀自己當天的運勢，平靜看待今天降臨的命運。

數字1～9所發出的暗示

數字	+/—	性格
1	+	暗示有新的開始。請意識到現在的你正站在某段人生際遇的起點。
	—	暗示事情最後又回到起點。請做好心理準備，最糟糕的情況是至今付出的努力付諸流水，必須重頭來過。
2	+	呈現和諧狀態。容易得到他人相助，體貼的心意與同情心也有變強的傾向。
	—	失去平衡與和諧，陷入分裂。暗示須要有高度的理性才可避免。
3	+	暗示水到渠成。這時，只要試著隨波逐流就好。
	—	容易受到周圍影響，隨波逐流。工作等一切事情可能都無法由自己作主，因而感到焦慮、落寞。但一旦失去耐心，出現「怎麼又來了」的想法，事情愈可能往負面發展。
4	+	暗示你要改變自己的想法、情感、環境。已朝著幸福往前邁進了。
	—	4基本上是幸運數字，不帶有負面意義。

5	+	不好也不壞。現在是可以做自己，能夠發揮強大力量的時候，只要按照原定計畫行動就好。
	－	容易變得不穩定。不合理的事會浮出檯面。對未來應樂觀以待，抱持著憧憬。
6	+	愛與性的能量呈現高漲狀態。感情方面暗示著有好事將近。
	－	愛情處於非常被動的狀態。雖然身不由己，但要注意不可衝動行事。
7	+	雖然只是舉手之勞，卻有人因此對你產生好感。泰然自若地表達體貼的心意是好事。
	－	人際關係容易出現裂痕。尤其容易和輩分較高的人出現對立，須多加注意。
8	+	暗示你現在做的事情，前途大有可為。意思是要你「繼續做現在的事」。
	－	陷入不論往哪走都窒礙難行的處境。請調適心情，盡快打破困境。總之，請專注做好手邊的工作。
9	+	暗示事情朝著整合的方向進行。表示所有事情都會被集中、統一管理。
		一切呈現四分五裂、分崩離析的狀態。勿堅持己見，放鬆心情。

section 18

利用第三者感應的數字，掌握今日的吉凶

「秘術・數字的吉兆預知」訓練

◉人數／2人

另外，如果把九個數字擴增到八十一個數字，就可以預知一整天即將發生的事。做法非常簡單。

你只須一早找個人幫忙，要他「請你看著我的臉，從1～81的數字中，挑一個你馬上想到的數字」。至於要找誰幫忙，只要仰賴當下的直覺就好。找家人、朋友或同事都可以。重點是拜託你腦中第一個想到的人選。而對方告訴你的數字，就是你今天的命運數。

這1～81個數字是以中國的易學為本，意義和1位數預知的數字1～9不同。再者，這是你拜託由你第一個想到的人選，請他憑直覺說出來的數字，所以用於預知你當天的運勢可說再適合不過。

每個數字所代表的意義如下所示。據說這是從古流傳至今的說法。

秘術・數字的吉兆預知之法（源自古代的易學）

1 吉 最佳的吉日。任何事都能馬到成功，也是受到別人認同的幸運日。

2 凶 態度消極，提不起勁。終日惶惶不安，阻礙重重。

3 吉 心平氣和，平穩無憂的一天。知識得以發揮，名利雙收。

4 凶 須做好一波未平一波又起的心理準備。也要注意疾病。

5 吉 身心狀態皆佳，事事順心如意。獲得別人的敬仰。

6 吉 為眾人所仰望。雖然運勢已有衰退之兆，好在家運隆盛。

7 吉 宜保持獨立自主的精神，但不可過於自信，以免遭遇失敗。

8 吉 精神體力皆旺，帶著自信付諸行動，就可能克服困難，達成目標。

9 凶 疾病與災難輪番攻擊，人際關係也出現被孤立的傾向。

10 凶 再努力也沒有回報，苦難纏身的一天。暗示著某些事已經結束。

11 吉 至今為止腳踏實地的努力終於開花結果。成果逐漸展現。

12 凶 無論什麼事都無法如願進行，心力交瘁的一天。

13 吉 思緒敏銳，備受眾人認同。充滿活力，財運也亨通。

14 凶 好壞參半。離開家人身邊，因貧窮而叫苦連天。

15 吉 備受信賴，有貴人相助，事事順心。

16 吉 溫暖的心能排除障礙，讓願望逐步實現。

17 吉 勇氣與強烈的意志會化為強大的行動力，走向成功之路。

18 吉 堅強的意志力與寬厚的胸懷受到認同，得到援軍相助。

19 凶 容易發生意外事故。容易陷入孤立，困難重重。

20 凶 疾病和事故等災難可能降臨，不論做什麼都失敗，最倒楣的一天。

21 吉凶 男性的地位提高，受到尊敬，但女性會失去重要的伴侶。

22 凶 工作進行到一半就失敗了。夫妻（情侶）間發生口角。

23 吉凶 男性的地位提高，大獲成功。但女性會失去重要的伴侶。

24 吉 保持謙虛的態度可獲得名譽與財富。「做人」的好日子。

25 吉 保持誠實至上，實力得以發揮。前提是要保持謙虛態度。

26 凶 不是大好就是大壞的一天。感情和家庭方面起風波。

27 凶 堅持己見無法獲得支持，人際關係也受阻，以失敗告終。

28 凶 縱使幸運降臨也稍縱即逝，運勢不穩，大吃苦頭。

29 吉凶 男性的地位提高，活力十足。但女性會失去重要的伴侶。

30 中 賭注占據所有心思。運氣不穩定，損益兩平。

31 吉 受人信賴，可達到重大目標。累積財富，生活穩定。

32 吉 人品終於得到認同，受到賞識，大獲成功。

33 吉凶 謙虛的態度造就重大的發展。女性失去重要的伴侶。

34 凶 即使乍看一切順利，只要走錯一步就前功盡棄。注意被孤立。

35 吉 獲得有力人士的建議，獲得成功。女性一切順利。

36 凶 一味仰賴別人，最終落得被背叛的下場，損失慘重。

37 吉 腳踏實地的努力終會開花結果。受人信賴，獲得成功。

38 吉 只要量力而為，不論做什麼事都會很順利。

39 吉凶 困難雖接踵而來，但終究會苦盡甘來。女性會失去重要的伴侶。

40 凶 雖絞盡腦汁，因人望不足，遲遲看不到成果。

41	吉	高潔的人品受到認同，終於實現遠大的目標。名利雙收。
42	中	人際關係順利，但未能得到成果，身心俱疲。
43	凶	沒有看準時勢而失敗，也失去以往累積的名聲與財富。
44	凶	對自己的能力過度自信，無法獲得支持而失敗，變得一無所有。
45	吉	雖然勞心又勞力，一路跌跌撞撞，但終究會達成遠大目標。
46	凶	好事與壞事參半，耗盡氣力、體力。要注意疾病。
47	吉	長久的努力終獲回報，獲得豐美成果。成功可長久維持。
48	吉	知識與人品都受認同，大獲成功。身負各種任務。
49	凶	即使覺得運氣站在自己這邊，卻稍縱即逝，之後便衰事連連。
50	凶	不論做什麼都難以獲得成效，無法如願以償。
51	中	年輕人沒有大礙，但年過中年的人，生活會變得不穩定。
52	吉	積極行動能讓你洞燭機先，達成重大目標。
53	凶	主要是年過中年的人，會在不為人知之處嘗到苦頭。
54	凶	受到欺騙、排擠，還有失去名譽、財產之虞。
55	中	雖然事情順利進行，但不久就變得窒礙難行，遲遲沒有進展。
56	凶	保守的行動會帶來災害，失去支持，導致運氣逐漸低迷。
57	吉	過程中會歷經失敗與阻礙，最後必定能克服一切，獲得成功。
58	中	運氣起起伏伏，最後會慢慢穩定下來。
59	凶	凡事缺乏耐心，又因無法下定決心而吃苦頭。
60	凶	不論做什麼都不順利。徒勞無功，只有吃不完兜著走的苦難。
61	吉	長久的努力終獲回報，大獲成功。名譽與財富雙收。

62 凶 目標落空，中途受挫。對身心皆造成嚴重消耗。

63 吉 無法得償所願，但一切平穩安定。「做人」的好日子。

64 凶 運氣大好大壞，有可能被災難與疾病突擊。

65 吉 整日可平安度過，健康、財運、家運一切順利。

66 凶 煩惱接二連三，生病和災難降臨的機率提高。不論做什麼都失敗。

67 吉 受到長輩協助，順利達成目標，勝券在握。

68 吉 憑藉強烈意志與敏銳頭腦，促使平時的努力終於開花結果，名利雙收。

69 凶 接二連三出現無解的難題，做什麼事都不順利。

70 凶 人際關係惡化，被眾人忽視，失去自我存在的價值。

71 中 雖然氣力不足，態度顯得消極，但只要夠努力就能開創出一條路。

72 凶 表面上人見人羨，其實內心有苦難言，最後以失敗告終。

73 中 保守的作風無法帶來重大進展，但靠著平日的人望終獲穩定。

74 凶 因個性怠惰而任意採取行動，導致遭眾人忽視，吃盡苦頭。

75 中 不宜嘗新，否則會面臨各種障礙。保守行事能平穩無憂。

76 凶 與家人離別的運勢。容易生病，做什麼事都不順利。

77 中 援軍雖不斷出現，終究後繼無力，走入死巷。

78 中 運氣不穩定，高度的智慧無用武之地，年紀超過中年的人會陷入僵局。

79 凶 個性消極，心浮氣躁。缺乏援軍，一事無成。

80 凶 從頭到尾都有障礙出現，疾病與災難接二連三襲來。

81 吉 和1一樣，做什麼事都很順利，如願以償，名利雙收。

section 19

利用自己的夢境預知未來「夢境指引」訓練

◉人數／1人

請問各位有聽過「預知夢」嗎？簡單來說，就是事前在夢境看到未來會發生的事。但是，這種事情真的有可能發生嗎？假設真的有「預知夢」，那我們是否能夠在想看的時候看到呢？

雖然一定有人覺得不可思議，但答案是看得到。只要稍微努力和花點心思，我們就能夠利用睡覺的時候，預知未來會發生的事、現在面臨的問題，甚至掌握解決方法。

那麼，就讓我引領各位進行能為你帶來幸福、不可思議的夢境世界。

▼為了做預知夢的準備事項

●就寢前，明確決定想做有關什麼事的夢。比方「現在做的工作會成功嗎」「我會和誰結婚」等將來的事，或是「我和男友會交往順利嗎」等現在的事都可以。總而言之，要給夢境一個明確的目的。

●睡前至少在心裡默念六次。例如「請告訴我未來的伴侶是誰」。

●默念六次後，下一步進行「做好夢訓練」。具體而言，請在腦中想像各種讓自己覺得愉快的畫面，例如無數星斗閃閃發亮的夜空、在空中飛翔、在某個南國小島悠哉渡假等。

須提醒各位一點，盡量不要把煩惱和恐怖的畫面帶進夢鄉。另外，性愛場面會使夢境受到限制，也是大忌。

●至少進行三～四天，最好能持續一個星期。目的是充分說服潛意識。

▼夢的種類與其意義

完成訓練後，終於進入夢鄉，也做了夢。這時的夢分為好幾個種類。

一種是**自己內心的想法被影像化的夢**。也就是自己的體驗、記憶，以某種形式具體呈現。這時的夢境是彩色的，而且自己的朋友、公司同事、老師、主管等現實生活中認識的人也會登場。換言之，夢境的舞台大多也存在於現實。

不過，夢境裡的人物關係和現實大多有些錯亂，例如在夢中，爸媽莫名成了學校裡的老師，正在斥責身為學生的自己。

其實，事後仔細回想這樣的夢，不難發現大多是**隱藏在自己心底的恐懼、厭惡的事，被特別強調所呈現出來的結果**。

如果自己對為何做這個夢的原因心裡有數，重點便在於試著分析夢境。比方是「不要再重蹈覆轍」的自我反省，或是「不必擔心」之類的自我安慰。

舉例而言，假設你經常在夢裡喝酒。讓人在意的是，夢裡的你，最後一定喝到酩酊大醉，連走路都東倒西歪。這個畫面其實在暗示你，在你的潛意識中，原本是為了消除壓力而喝的酒，現在已經變成了壓力的來源。

另一種是感知過去的夢。夢境的內容類似自己的祖先現身，或是非常古老的前世記憶。這類感知過去的夢，色彩大多是茶色，有一種稍微褪色的獨特質感。

另外，有關未來的夢，雖然只有黑白兩色，但畫面卻十分清晰鮮明。而且，距離未來愈遠的夢，顏色愈淡。總之，如果夢到黑白畫面、影像清晰的夢，將之當作暗示著未來的「預知夢」就對了。

▼試著分析出現在夢境裡的事物

其次，為了了解夢具備的意義，也必須分析在夢境出現的事物。

舉例而言，若是自己漂浮在半空中俯瞰著走在路上的自己，或是另一個自己觀察正在做某件事的自己之類的夢境，就表示有想要改變自己的衝動，或是最好要做出改變的暗示。

如同上述，出現在夢境的事物，有些具備非常明顯的象徵性意義，以下為各位介紹其中最具代表性的事物。

花　表示自己所求事物的完成度、達成百分比。如果花朵枯萎，暗示事情成功的可能性高；如果盛開，暗示自己能夠去做想做的事。

蛇　負面的暗示是疾病。正面的暗示包括有金錢入帳，以及在感情與性愛方面獲得滿足的前兆。

衣服　如果從華麗的服飾換成樸素的衣物，暗示最近會參加派對，或者收到邀約，出席人多的活動。如果相反，從樸素的打扮換成華麗的服飾，表示有金錢支出、有喪禮。如果是裸體，暗示自己想抹去至今為止的過去，以及之前的付出終究是一場空。

鳥　暗示會變忙，忙到焦頭爛額的程度。如果是在地上踱步的鳥，表示人際關係會發生激烈變化，或是認識很多人。

貓　無法如願以償，心煩意亂。

狗　發生自己必須積極作為的事。產生自信、尊敬的念頭。

馬　被交付必須承擔責任的工作。有時也是出人頭地的前兆。

太陽　直接面對死亡場面，或是自己的生命受到死亡威脅。

月　有缺口的月亮，暗示著事情會逐漸走向圓滿。滿月象徵著生與死。發生了為了女性而必須做些什麼的事。

車　暗示感情方面出現變化。坐在車上的夢，是感情生活可望變得穩定的前兆。如果夢到買新車，是離婚和分手的前兆。

建築物　顯露內心狀態。

樓梯　象徵人生。如果很明亮，表示未來一片光明。如果光線陰暗，看起來髒兮兮，代表生活方式出了問題。

父親　暗示著父系的祖先，或是父親本人有話想對你說。注意他的表情。

母親　暗示著母系的祖先，或是母親本人有話想對你說。注意她的表情。

怪物　表現出恐懼、內心的糾葛。

亡靈　如果已經去世的人在夢裡現身，表示祂的忌日將近，或是祂有話想說，最好前去祭拜。

掉落　顯露寂寞、不安。

金錢　收錢是花錢的前兆。如果是花錢，表示透過工作有進帳。如果是存錢，就是執著於金錢的時候。

流血　向你發出警告，要你待人要更加溫柔。

哭泣　暗示在感情方面正在轉向，往更好的方向發展。

吃　暗示你與人相處時要更用心。

飲水處　表示過去的事。如果飲水處出現蟑螂等突兀之物，表示你有一些想要抹去卻又無法忘懷的回憶。

廁所　有關想隱瞞的事、自己很介意的汙點、自卑之處。如果淹水，表示你手邊有很多做不完的工作和處理不完的問題。

如果做了不祥的預知夢……

以上為各位列舉了較具代表性的事物，不過這僅是其中一部分。對事物有了基本概念後，接下來就取決於你能夠將自己的夢境分析至何種程度。

我建議各位在枕邊放一本筆記本，方便早上醒來趁著記憶猶新的時候，記錄下夢境的內容。只要養成這個習慣，相信經過一段時間，你就能充分掌握夢對你的暗示了。

另外，日本自古便流傳著初夢（新年做的第一個夢）象徵著「該年會發生的事」的說法。其實這種說法具備相當的可信度。另外，像是在聖誕節等帶有宗教意味的節日、端午節、女兒節、重陽節等做的夢也值得特別注意。因為這些日子做的夢，都在預知你的未來。

另外，有些人可能會擔心「如果我做了不吉利的預知夢怎麼辦」，但請各位安心。

既然是預知夢，表示並不是已經發生於現實的事。如果命運絕對沒有扭轉的可能，那麼預知本身就失去了意義。

如果做了不祥的預知夢，就要在腦中想像著另一種截然不同的版本。無須全神貫注，只要把每件事都往正面思考就好。

舉例而言，假設你夢到「發生車禍」，那麼只要把大事化小，想著「雖然差點被車撞，好險避開了，沒受傷」就好。

運氣好壞，取決於你的潛在能力

有些人老是感嘆：「為什麼我都沒有好的機會……。」因為這個原因，工作不順、公司的經營無法上軌道，或是遲遲找不到對的另一半。這時，很多人會把原因歸咎於「運氣差」，但各位有所不知，其實運氣的好壞，在某種意義上也取決於潛在能力。

舉例而言，所謂的「際遇」，絕非偶然或命中注定，大多是基於彼此互相受到對方的感性吸引的必然結果。**因為潛意識認定「只要走在這條路上，就會遇到你渴望遇到的人」**。

這個原則不只適用於人與人的邂逅與人際關係。從工作乃至健康狀態，人生的一切可說深受潛在能力的影響。簡單來說，潛在能力是決定一切能力好壞的先決條件。

既然是先決條件，那就意味著，只要潛在能力很強，就能提升我們擁有的每項能力。

只要懂得發揮潛在能力，自己的世界就會煥然一新。只要透過訓練，發揮更多的潛在能力，原本一點財運都沒有的人，就能轉變為財運亨通的體質；原本感嘆著「我大概要一輩子打光棍」的人，也會遇到理想對象。

總而言之，**只要提高潛在能力，就能明顯感受到運氣的提升**。舉個稍微極端的例子，我年輕時待過的某間公司，曾經遇過一次非常緊急的狀況。當時社長必須「在明天之前籌到日幣三千萬」。沒想到，社長竟然不必出門籌錢就有人主動上門，開口表示：「我可以馬上融資三千萬給貴公司。」

我認為那是因為被逼入困境的社長，其潛在能力突然高漲，使有能力借錢給他的人受到召喚而來。

另外，我還遇過這樣的案例。有個人透過訓練提高自己的潛在能力後，明明幾乎沒有存款，卻起心動念「我想蓋一間日幣五千萬的透天厝」。

結果，他繼承了過世親戚留下來的遺產，一下子進帳了日幣三千萬。不僅如此，他又從其他管道得到了剩下的日幣兩千萬。

沒有貸款一分錢，他在短時間內就獲得了日幣五千萬。雖然很多人一定不以為然，心想：「天底下怎麼會有這種好康的事？」但我要強調，這是真人真事，絕非杜撰。

即使這種極端例子極為罕見，但有一點可以確定，亦即，只要提高潛在能力，就能從一些日常生活中的小事，明顯感覺到運氣變好。

例如「今天竟然沒遇到紅燈，比平常早幾分鐘到車站。到公司的時間提早了十分鐘。結果一到公司，馬上接到非常重要的電話」等不勝枚舉。

總而言之，不過是生活中的每個小環節能夠緊緊相扣，讓一切往好的方面發展，最後看起來就是「運氣變好了」。

而負責主導一切、進行協調的，就是潛在能力。

一旦迷惘，就無法發現驚人的能力

各位知道激發潛在能力時，最大的障礙是什麼嗎？

答案是「迷惘」。具體而言，就是不知該做哪個好，或者是不確定該不該做。

處在這種徘徊不定的狀態時，就無法激發出潛在能力。不僅如此，「迷惘」甚至會引發壓力。

為了激發潛在能力，最重要的關鍵在於一開始就「決定好」。一開始就決定要不要做，如果要做，又要怎麼做。

另一個重點是，即使在執行的過程中，感覺「好像有點怪怪的」，你也可以改變原有的決定。就像玩遊戲時可以重啟新局，只要你覺得不對勁，當然可以重頭來過。

不過，即使說「決定好了」，但難免有些人在「我想要這麼做」這個大前提就卡關，遲遲下不了決定。事實上，與其說沒有目標，不如說不知道自己該做什麼的人愈來愈多了。

說得更仔細一點，很多人對自己達不到的四〇%的「欲求」耿耿於懷，但很少人抱著「我想這麼做的意願是一〇〇%」的「大欲」。

為了讓自己懷有大欲，首先必須清楚「大欲」的定義是什麼。否則**就會被世間各種訊息所迷惑，無法發揮出潛在能力**。

話說回來，我們一般所說的「欲」，定義模糊不清，眾說紛紜。

相較於有人把「如果人活著沒有欲望，就無法掌握任何事」奉為人生哲學，也有人認為「過於貪心會讓人變得自私，導致人生破滅」。欲可以是善，也可以是惡，因人而異。說穿了，「欲」是使人感到迷惑的根源。

因此，訂下「大欲」，並以此為目標前進的人，首先必須弄清楚「對自己而言，『欲』究竟是什麼」。另外，也必須仔細思考，經常與欲求掛鉤的金錢，自己對它的定義是什麼。

順帶一提，以下是我個人對金錢的定義。

首先，我把**心靈和金錢**設定為**同等之物**。錢確實買不到真心，但只要心變得豐裕，財富就會增加。而且，我們也可以逆推回去。每個人的精神層面只要變得豐裕，企業的獲利也會愈來愈豐厚。只要企業不斷發展，最後也會找到能夠與宇宙的哲學同化的萬全之策。

我想一定有人覺得大自然的天命，豈可和經營企業的理論相提並論。但我個人以為，兩者都是以和諧為目的，並不互相牴觸。

總之，請各位設定「大欲」而非「欲」，並以此為生活目標。

但是不可以把金錢本身當作目的。要把金錢想成不過是達到自己「大欲」的一種工具。

如同上述，只要凡事不再迷惘，果斷「下決定」，潛在能力也將毫無迷惘地為你運作。

第四章

使用心電感應能力，窺視他人內心！

✦只要懂得利用心電感應，電話跟電子郵件都可以省了？

本章要為各位介紹的是可以發出與接收意念的「心電感應」訓練法。

按照字典的定義，所謂的「心電感應」是，「不靠語言與肢體動作，直接把意念傳達至對方內心的現象」。

舉例而言，假設你想向對方傳達某些訊息，只要在心裡默念，不必直接說出口，對方就能知道。如果真的能獲得這種能力，不知道有多讓人羨慕。

即使與對方分隔兩地，也不必依靠電子郵件和電話就能聯繫……雖然聽起來像天方夜譚，卻是千真萬確的事實。

話雖如此，如果未經訓練，不可能一開始就達到出神入化的境界。首先從難度最低、感覺像在玩遊戲的「身體．心電感應」開始進入本章的各種訓練吧。

section 20

不動手就使對方的身體移動
「身體・心電感應」訓練

◎人數／2人

準備

接下來，你將作為心電感應的傳送者，而夥伴是接收者。

你↓請夥伴背對著你，站在你前面。

夥伴↓雙腳張開與肩同寬，雙手自然垂下（雙手勿交叉於胸前）。

你↓站在距離約夥伴一公尺處，擺出心電感應的姿勢（朝著對方的背部伸出雙手手掌。手肘保持彎曲，像握住一顆小球的樣子＝若伸直手肘，力量就無法傳送出去（參照插圖❶））。

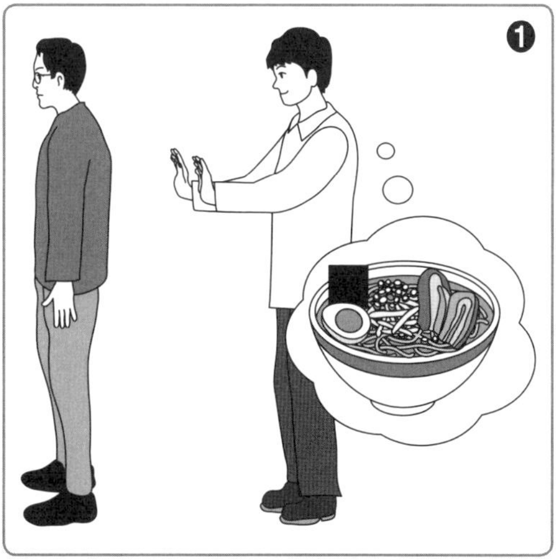

準備重點

如果你事前告知夥伴「我等一下要傳訊息給你」，或是「你就乖乖接受我擺佈吧」之類的，這個訓練就一定會失敗。

人體本身有安裝防護裝置，會自動排除有害的氣或不請自來的念力，所以，強迫對方接受的念力，會被對方拒於門外。

成功的關鍵在於，「你是否能夠讓夥伴接受你的力量和氣」。為了達成這一點，你必須先放輕鬆，讓自己想些快樂的事，例如兒時出遊的風景、吃過的美食、受到的稱讚等（參照前頁插圖❶）。

另外，一開始找夥伴時，最好找一個ＥＳＰ能力強的人（參照五十二頁）。

訓練開始

你↓充分放鬆後，一邊想像著把自己的氣送到夥伴身上，一邊把氣慢慢地送過去。比起一股腦地把氣灌注到對方身上，更重要的是意識到如何把氣集中在自己的手掌上（參照下頁插圖❷）。

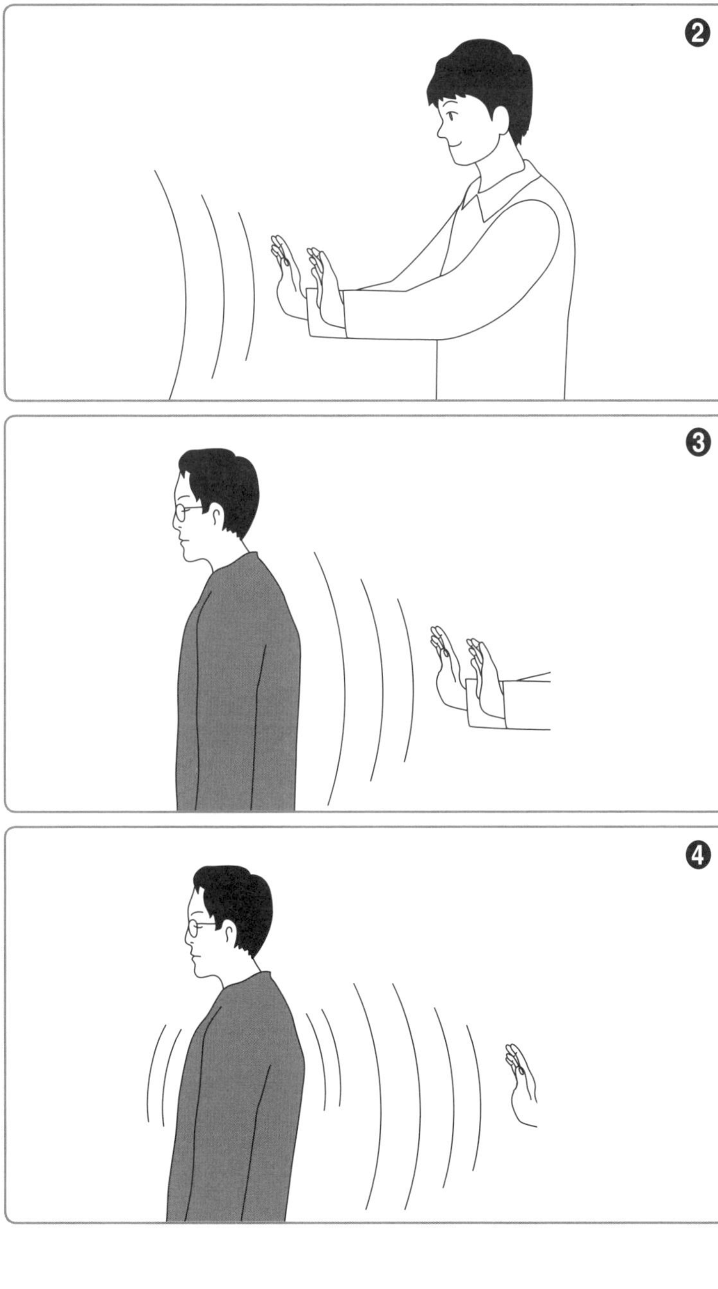
❷
❸
❹

夥伴↓潛在意識會先評鑑你的氣，如果判斷為「可以接受」，氣就會不斷被送進去（當然本人毫無感覺）。把正面力量傳送給夥伴後，對方肉體的深層也會開始起反應。隨著身體不再緊張，對方會開始微微顫抖或輕微震動（參照前頁插圖❸）。

你↓等夥伴的身體開始顫動，就把手拉到後面（參照前頁插圖❹）。

診斷

如果你和夥伴成功完成「氣」的發送與接收，夥伴的動作應該會出現變化。**如果他完全沒有抖動，表示你的氣可能摻有雜念，或是對方的感受能力較為遲鈍**。總之，你不必感到氣餒。沒有順利完成的人，一開始可以先和對方談好要怎麼做，例如「往後拉」等。一旦成功，接著就試著不要先說「往後拉還是往前推」。總之，試著想辦法向對方表達你的想法很重要。

上述訓練在心電感應中屬於最簡單的「身體．心電感應」，也稱為「柔和同調（調節）」。接下來，請試著挑戰雙方面對面的心電感應訓練。

section 21

說中對方心中所想之物
「靈光一閃心電感應」訓練

◉人數／2人

診斷

和夥伴面對面坐下來，共同討論之後，決定一個彼此都很熟悉的主題。以輕鬆的主題為宜，例如食物和動物等。

訓練開始

你↓對夥伴具體提出二～三個選項。例如一開始先問他「從蘋果、哈密瓜、香蕉當中，馬上選一個」（參照下頁插圖❶）。

夥伴↓想像第一個浮現在腦中的選項（參照下頁插圖❷）。

假設這時夥伴選的是香蕉，那麼再搭配一些與香蕉有關的回憶一起想像，例如吃香蕉。否則單獨想像香蕉的樣子太困難。

你↓盡量淨空腦袋，什麼都不想。稍待一段時間，腦中應該會突然或慢慢地浮現對方心中所想之物（參照插圖❸）。

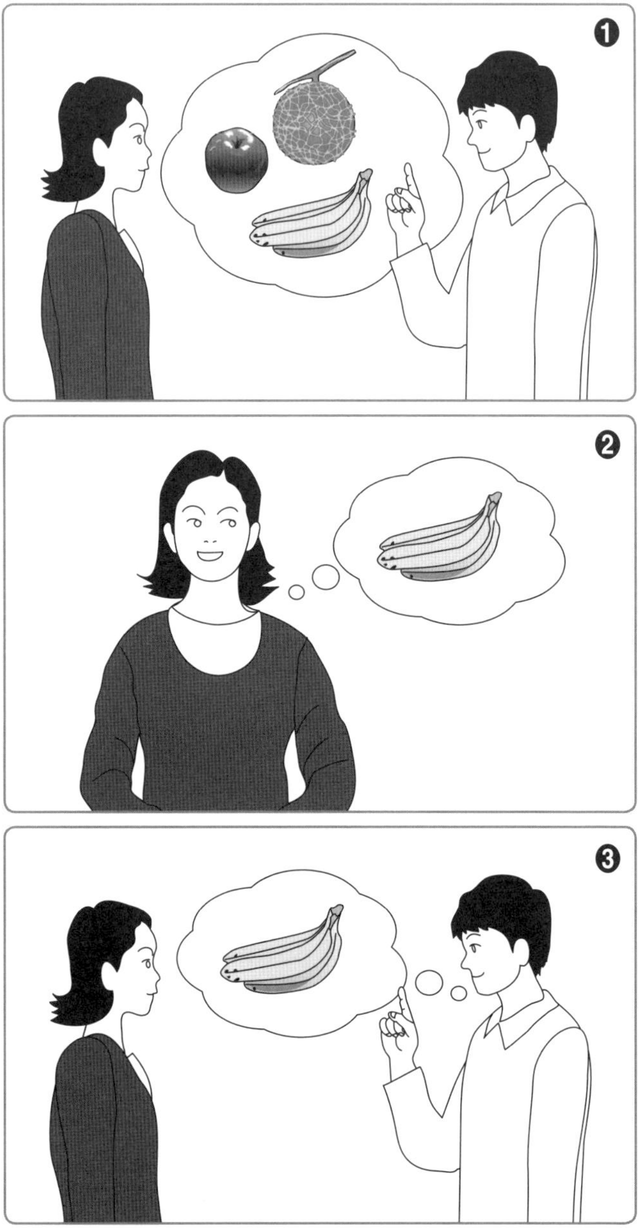

section 22

向閉上眼的對方傳達自己的動作
「魔法手指天線」訓練

◉人數／2人

接著把選項增加到十個。請各位挑戰「魔法手指天線」訓練。

準備

●雙方面對面，放鬆地坐在椅子上。
●手掌朝上，輕輕張開，放在膝蓋或大腿上。

訓練開始

夥伴↓維持準備好的姿勢，閉上眼，盡量淨空腦袋，不要思考。
你↓只動某一根指頭，心裡默念要對方的手指也動起來。將手指往各個方向移動，訣竅在於專注於晃動手指本身的行為，以及晃動手指時腦中浮現的意象。

故意不向對方傳送「移動這根手指」的意念。唯有在這樣的狀態下，才能有效傳達訊息。

你↓如果夥伴的手指抽動了一下就是有進展了。請在腦中想像更多愉快的畫面。相信對方的手指一定會明顯動起來。

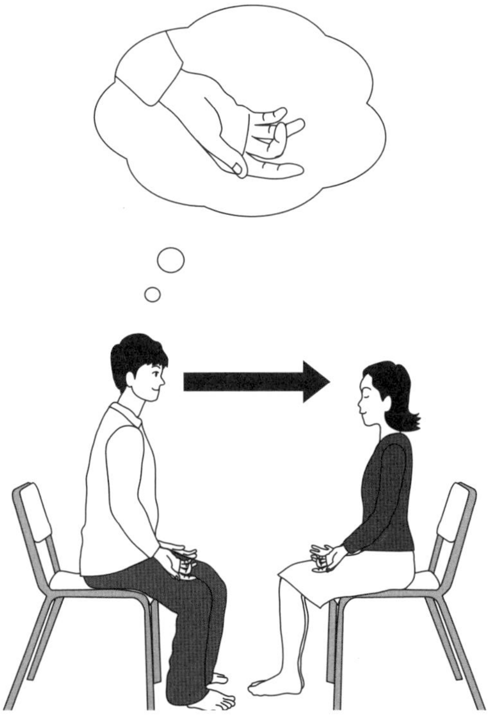

section 23

說中對方心裡想的人物
「心心相印蒙太奇」訓練

◉人數／2人

選項從二～三項，再增加到十項……當你一一挑戰成功後，下一個目標就是「心心相印蒙太奇」。這項訓練的難度相當高。

訓練開始

你↓在心裡決定好對象，並在腦中搜尋有關那個人的回憶，資訊愈多愈好。像是性別、名字、年齡、職業等。這時，記住不要向夥伴傳達這些資訊。

夥伴↓閉上眼睛，什麼也不想。過了一段時間之後，就會突然收到片段的資訊。舉例而言，假設你心裡所想的對象是護理師，夥伴彷彿會聞到福馬林的味道；如果那個人是郵局員工，那夥伴可能會看到紅色的郵筒等。總之，資訊會突然出現。請把接收到的資訊告訴你的夥伴，應該會找到一些共通點。

section 24

光靠靈感讀取資訊「朋友圈」訓練

◉人數／2人

接著挑戰難度更高的訓練，也就是任意接收對方周圍的資訊，自行解讀。這個訓練和之前的訓練不同，不須要想像什麼。唯一的資訊來源是當對方站在你面前，你腦中浮現的靈感。

訓練開始

沒有特別的規則或規定。你只要站在對方面前，舉出十個左右馬上浮現在腦海的名字。

透過之前的訓練，你的實力已經累積到一定程度，和過往不可同日而語。相信實際進行這次的訓練後，你一定會大吃一驚。因為你隨口說出的名字當中，可能有好幾個是對方的朋友，甚至這十個人全都是對方認識的人。這個訓練的重點在於重視自己的第一直覺。如果用腦思考，準確率反而會降低。

section 25

讓車廂內的陌生人回頭看你「把頭轉過來」訓練

◉人數／2人

各位其實也可以把握搭車通勤或通學時候的空檔試試自己的心電感應。以下這個訓練，就是以念力讓陌生人回頭。方法是在車內找一個看似呈放鬆狀態的人，向他傳送你的心電感應，使他把頭轉向你。

準備

正在專心閱讀報章雜誌、滑手機、看起來情緒激動或正在想事情的人，都不是合適的對象。因為正在專心做某件事，或心思被某件事占據的人，不容易接收心電感應。最好找一個隨意眺望著車窗風景，貌似正在發呆的人。男性就找男性，女性就找女性是另一個成功的小

秘訣。

訓練開始

●雖說是發出心電感應，但不可以直盯著對方發出強烈的意念，要對方「趕快看向我這邊！」

●首先自己要完全放鬆，腦中一邊想像著被自己選中的對象轉頭過來的樣子，同時向對方發出意念。

●想著把自己的意識灌注到對方腦中也是可行的方法。

●持續這個狀態一段時間，對方一定會把頭轉向你這邊。

第五章

透視靈氣的顏色，看透對方的性格！

靈氣有兩種

說到靈氣，我們常聽到「那個人有靈氣」「那個人的靈氣很多」「靈氣很美」等各種說法，不過，各位是否真正理解靈氣的真面目與本質呢？

本章除了為各位介紹「靈氣究竟是什麼」等靈氣的基本知識，也會說明識別的方法。

靈氣分為兩種。一種是**象徵著一個人生命力的「量的靈氣」**，另一種是**表示一個人精神狀態與健康狀態的「質的靈氣」**。

其實，量的靈氣比想像中容易看到。接著請各位趕快來看看象徵自己生命力的靈氣吧。

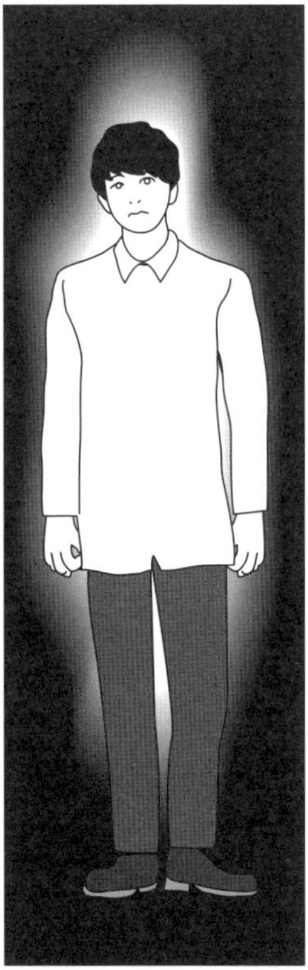

section 31

透過從指尖發出的靈氣掌握生命力
「透視靈氣生命」訓練

◉人數／1人
◉道具／黑色的紙或布

準備

把黑紙或黑布朝正面放好，雙手手掌朝內，保持約三公分的距離。

訓練開始

●將雙手移到眼前，近到快無法聚焦的程度，茫然直視（參照下面插圖）。

●左手和右手的中指不時相連又離開，同時凝視著這塊空間，再茫然看著。

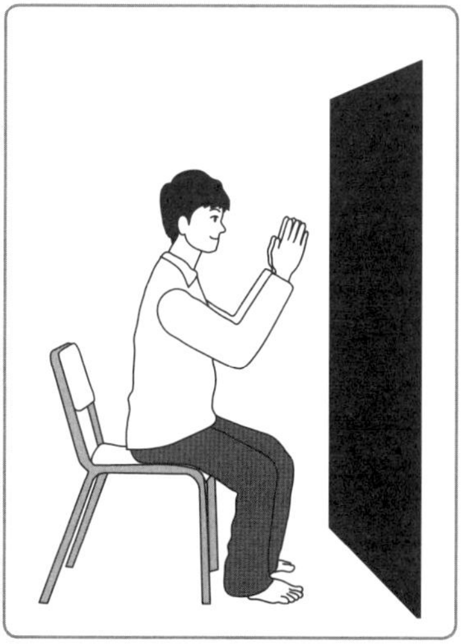

診斷 請問各位看到了什麼呢？我想不少人應該看到手掌之間出現了淡淡的白色，或是奶油色，也可能是淺藍色。

另外，如果是能更仔細觀察的人，建議可以先把指尖外圍的某一處設為中心點，以兩公釐為範圍，不斷凝視。看久了，應該會看到有許多像線香煙火一樣的細線朝四面八方飛去（參照下面插圖）。那就是量的靈氣。

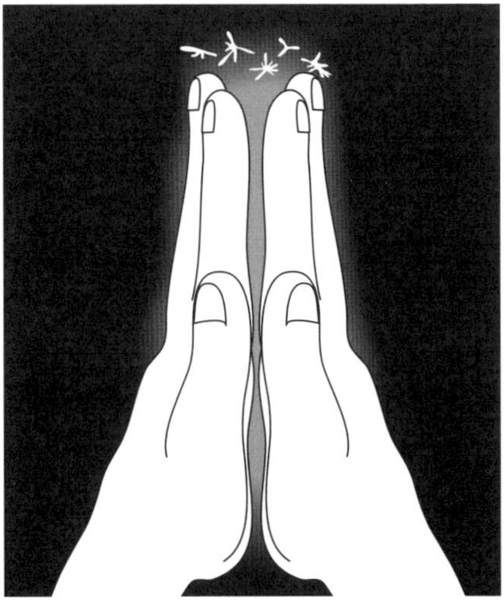

藉由量的靈氣可掌握你的「真實性格」

請問各位看到量的靈氣了嗎？

看不到的人也不必擔心。只要稍作練習，保證每個人都能看到。

另一方面，已經看得到對方內在資訊的人，接下來也務必要看「質的靈氣」。不過得費盡功夫才看得到。

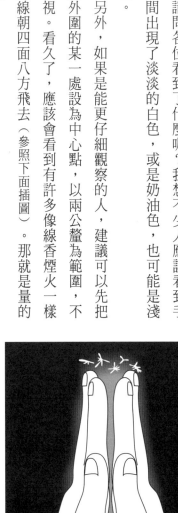

質的靈氣是彩色的，一個優秀的靈氣觀察家，不但看得到靈氣的顏色，連當事者的個資都看得清清楚楚，包括他祖先的事、他現在住的房子是什麼樣子等。但是對剛入門的各位，無疑是難度過高的挑戰。

不過只要掌握幾個竅門，各位就看得到靈氣的顏色以及各式各樣的現象。

其實，靈氣的各個色彩代表了一個人的個性。換言之，也就是**從前世或代代相傳，與生俱來的體質**。

這裡所謂的「體質」，可以視為一個人的「思考傾向」。總而言之，如果看得到一個人的靈氣顏色，就可以知道，基本上他是個什麼樣的人。

接下來的訓練，可說是一種看透對方本質的實驗。從靈氣的顏色，不只可以知道對方目前的所思所想，也能得知他的人生觀、偏好等各種資訊。

section 27

從靈氣的顏色看透對方的本質

「靈氣人格透視」訓練

◉人數／2人
◉道具／大塊的黑色紙張或布

準備

準備黑色的紙張或布當作背景，與對方面對面坐下來。

訓練開始

- 仔細看著對方臉部的輪廓（參照下頁插圖❶）。
- 看了一段時間後，迅速把視線往下移，閉上眼（參照下頁插圖❷）。
- 重複這個動作幾次。
- 在重複的過程中，只要閉上眼睛，自己的臉部周圍一瞬間就會浮現出某種顏色（參照下頁插圖❸）。那就是對方的「質的靈氣」。

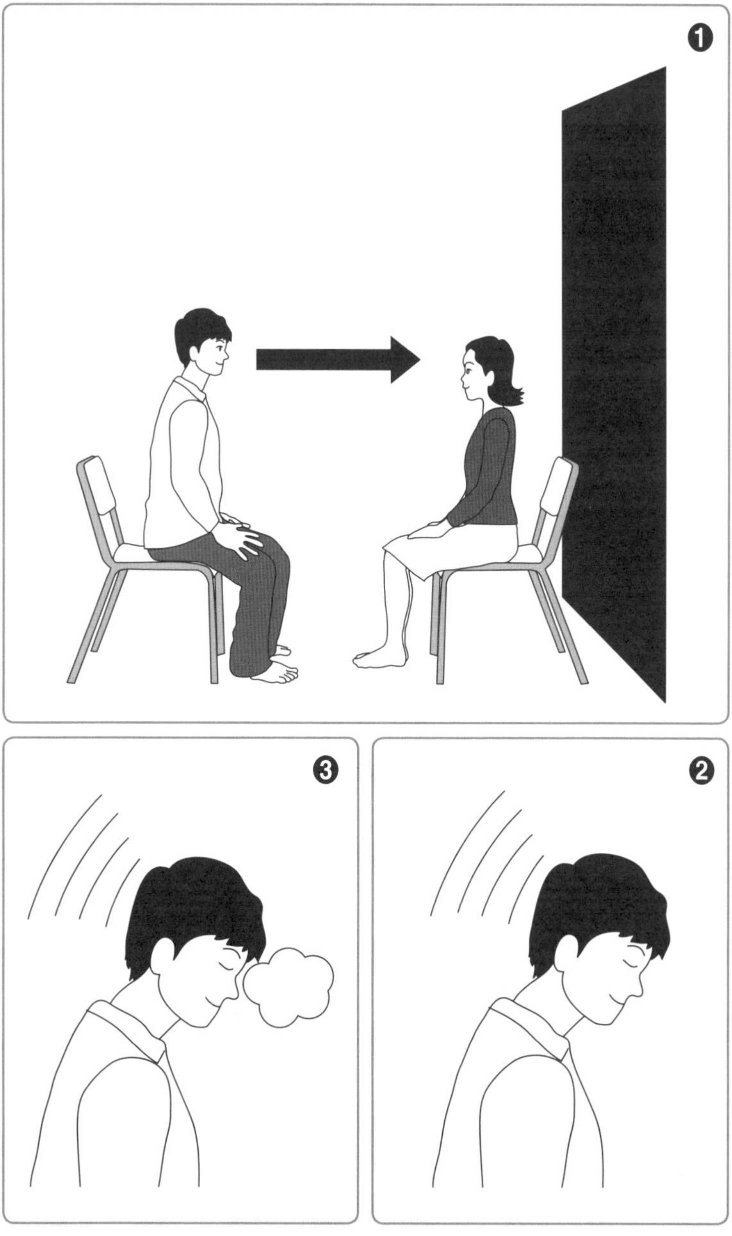
❶
❸
❷

藉由靈氣的顏色進行性格診斷

請問各位看到對方的靈氣了嗎？質的靈氣，幾乎都混合了各種色彩。不過，一般偏向橘色，所以大家不妨把重點放在總共混了哪些顏色，還有色系。像是藍色系、黃色系、紅色系……而即便是紅色系，也有深淺之分……。總之，你眼中的顏色，就是對方靈氣的顏色。

日本人的靈氣一般以藍色系居多，不過，同樣是藍色系，又可細分為淺紫色系、靛色系、淺藍色系等。

以下為各位簡單介紹每一個顏色所對應的性格。

首先從寒色系與暖色系各自的特徵開始介紹。

寒色系……講究邏輯，喜歡把事情整理得有條不紊。相對的，也有喜歡講道理、好辯的一面。喜歡人為打造的秩序。

暖色系……紅色愈鮮明的人，愈傾向於有強烈的獨占欲，也喜歡戰鬥。屬於感性勝於理性的類型。

以上兩大類只是整體的傾向。下頁起則是列舉了每種顏色的性格診斷，請多加參考。

依照顏色分類的性格診斷一覽表

顏色	性格
藍（靛）	基本上，性格溫和穩定。喜歡加入組織的歸屬感及伴隨而來的信念感，也樂於聽從與接受安排。大多很堅持自己的想法，絕不會輕易善罷甘休，所以很難跳脫出原有的思維。要注意的是，當這樣的特質發展成負面，依賴心會變得特別強。
淺藍色	非常在意周圍的人際關係。容易熱中於某件事。為了保持人際關係的圓滿，常常會委曲求全。對社交的態度消極，認為多說多錯的人，大多擁有這樣的靈氣。
綠色	非常喜歡講道理，也自認與眾不同，總覺得「我的想法和一般人不一樣」。這個顏色的特徵是很多人年輕時便反抗父母，即使出了社會，在家依然無法收斂自己的個性。也有好辯的一面，只要對方意見與自己不同，便會顯露出對立的態度，若是一個不小心，有可能成為以自我為本位的自私之人，不可不慎。
黃綠色	有治癒別人的能力。有許多具備優秀治癒（改善疾病等）能力的人都屬於這樣的靈氣。具備最旺盛的生命力，在肉體方面擁有非常強大的力量。

顏色	性格
檸檬黃	個性開朗，不拘小節的人。對流行很敏銳，想法基本上符合一般普羅大眾。行動時很在意別人的眼光，把合群奉為最高行動指導原則，從某種意義而言，算是稍微欠缺節操的人。
橘色	最大特徵是喜歡運動，行動力十足。靈氣屬於這個顏色的人，不是有在從事某種運動，就是對自己的身體自信十足。這個類型的優點是精神抖擻，腳力絕佳，缺點是稍嫌沒有耐心
朱紅色	個性上喜歡照顧人，想要在群體中出風頭。獨占欲也強，而且決斷力比所有顏色的人都優秀。具備領袖氣質，是經常出現於作風獨特的社長身上的靈氣。
大紅色	擁有穩定意志力的人。因此能夠在不經意的情況下主導人際關係，並吸引優秀的人才主動靠近。稱得上是馭人於無形的類型。
粉紅色	靈氣屬於這個顏色的人很少見。如果偶然發現，大多被視為「人中龍鳳」。可能是企業家之流，或是流露出讓人傾慕的風采。

顏色	性格
淺紫色	出現在絕大多數靈能者身上的顏色。但是指的是能夠掌控自己的能力，而不是發揮念力過度，導致精神不穩定的類型。另一項特徵是大多出現在宮司（神社裡地位最高的神官）和僧侶等神職人員身上。
紫色	念力質的力量與感受質的心電感應能力處於完美平衡，能力相當穩定的能力者。因為把人的缺點看得過於透徹，若能力用錯地方，可能會使他人受到陷害或被操控，不得不慎。
茶色	只想平凡度日，作風保守的人大多是這個顏色。可以平順度過一生的類型，就某種意義而言，或許是最幸福的人生。
純白色	喜歡知性方面的探究，大多被認為具有學者氣質。非常少見。
銀色	這個顏色的人同樣具備強烈的求知欲，大多被視為學者。非常罕見。
金色	這也是少見的顏色。稱得上是凌駕所有遺傳自祖先們的基因的人。已經達到開悟的境界。這個類型的日本人，至今我只見過兩位。一位是內行人都知道的優秀超能力者，另一位是武術的行家。

看到這樣的靈氣要特別注意

那麼，請問各位及你們朋友的靈氣是什麼顏色呢？

靈氣的顏色並不會天天改變，基本上是固定不變的。不過，如果發生讓自己非常驚愕的事，就有可能改變顏色。

舉例而言，假設有個人原本的靈氣是藍色，但是在他經歷某些重大事件，例如被神明附身、接觸到新的想法後大受感動，因而徹底扭轉了自己的人生觀，也改變了原有的性情等，他的靈氣就有可能在一瞬間轉為白色，之後再慢慢變成其他顏色。

不過，從暖色系轉為寒色系的情況不多，基本上都是從寒色系轉為暖色系。

另外，就我個人的經驗而言，不論是哪種顏色，凡是屬於明亮色系的人，執著心通常都沒那麼強烈，個性也比較開朗；相反，顏色愈是暗沉的人，對事情愈不容易放下，而且猜疑心較重。

另外，感情的變化也可能使整個靈氣的形狀發生變化，或是使色彩出現些許變化。

舉例而言，假設這時候看到的是像紅色和黑色混合而成的顏色，那就表示當事者正壓抑著巨大的憤怒。另外，如果顏色變成大紅色，表示對方正在發脾氣。

除此之外，如果顏色看起來像是由黃色和黑色混合而成，代表對方帶著一股凶氣；如果是全黑，對方可能罹患了危及生命的重病。

截至目前為各位介紹的各種類型，都是彙整了我長期以來看過的龐大數據後的結果。

至今以來，我看過各種人的靈氣，其中讓我印象最深刻的是，有個人的靈氣，竟然是由好幾種顏色形成了相當美麗的漸層。我想那位男性可能擁有某種特殊的社會地位吧。

只要拋去「討厭」的意識，就容易發揮潛在能力

潛在能力的特徵之一是「非常容易受到情緒左右」。若以滑板來比喻，潛在能力就像「踩在名為情緒的滑板上」。

當情緒處於不穩定狀態，即使能力很優秀，也無法發揮自如。換言之，潛在能力將只能繼續「潛藏於內在」。

也就是說，**若想將能力發揮到極致，首要任務是讓情緒處於穩定狀態。**

說到穩定情緒的方法，絕非三言兩語就能說清楚。原因在於，人的性格與生活環境都不一

樣，必須分別考慮。

不過，有一點很確定的是，奉勸各位不要單純以「喜歡」或「討厭」的感覺下判斷。具體而言，不要以「喜歡」或「討厭」來判斷自己做的事，而是要提醒自己做每件事都要樂在其中。「喜歡」或「討厭」是最極致的選擇。如果「喜歡」自己做的事，那當然是再好不過，但只要一覺得「討厭」，就會對後續行動造成負面影響。

所以，請不要馬上判斷「討厭」，而是先思考要怎麼做才會有趣。

舉例而言，假設今天的待辦事項中有「最不想做的麻煩工作」，但只要靜下心來尋找，應該還是能找到有趣或讓自己樂在其中的部分。具體來說，你可以抱著挑戰的心態，告訴自己：「上次這分工作花了十分鐘完成，今天我要五分鐘就搞定。我想想喔，該從哪裡下手可以省點時間呢？」只要抱著這類遊戲式的感覺邊享受邊工作就好。

另一個問題是，即使能夠控制自己的情緒，但不可忘了後面還有潛意識在虎視眈眈。其實，這可是個不容易解決的棘手問題。

潛意識雖然擁有強大的力量，但麻煩的是，它也像個不聽話的「任性小孩」。為了說服它露臉，得窮盡心力。簡單來說，各位必須不斷與自己的潛在能力對話，想辦法哄它。如果它總算像擠牙膏一樣，一次釋出一點點訊息，各位也要眼明手快，立刻接收，否則想要激發潛在能力浮出水面，可說難如登天。

為了激發潛在能力，除了控制情緒，讓自己保持良好狀態，也必須耐著性子，想辦法突破潛在能力的心防。

以前被稱為魔術師的人，據說大多數都有與魔鬼簽約，能夠召喚法力強大的惡魔。他們擁有的力量，以往被視為來自惡魔，但是以現在的眼光來看，其實就是潛在能力。總而言之，他們有一套可以激發潛在能力的技巧與規則。

我們也可以效法他們，首先進行深度的自我分析，接著找出適合自己的技巧與規則，以順利激發潛在能力。

第六章

活用體內探測器，斬斷煩惱與迷惘！

「日幣五圓銅板靈擺」不可小覷的力量為何？

在第一章的訓練中，我已經為各位介紹了「大拇指探測器」（參照第二十七頁）。

但是，「大拇指探測器」的搜尋範圍畢竟有限。因此本章要為各位介紹搜尋範圍更廣，而且尋獲機率更高的訓練方法。

那就是使用以日幣五圓（也可用中間有孔洞的圓形薄片替代）製作的「五元銅板靈擺」所進行的「地圖探測法」。

使用這個方法，可以從大範圍的街道地圖，限縮在特定場所。其實，有人也是靠著這種方法找到埋在美國科羅拉多州沙漠裡的戒指。

想利用潛意識掌握情報時，肌肉微妙的反應會透過擺的擺動幅度增加而呈現出來，變化一目瞭然，效果比其他方法更好。

那麼，接下來便以使用日幣五圓銅板的探測訓練，為本章揭開序幕吧。

section 28

只靠地圖和日幣五圓銅板就能找到失物
「銅板地圖探測法」訓練

◎人數／1人
◎道具／日幣五圓銅板（或中間有孔洞的圓形薄片）、黑線、地圖、尺、原子筆

準備

●把線綁在五圓銅板上就可以當作靈擺使用了。線的長度只要五～十公分就夠。最好準備黑色線（參照插圖❶）。

●用慣用手拿著靈擺，集中注意力盯著五圓銅板，全神貫注的使其前後擺動。這時，記得不要用手或手指移動靈擺。對著靈擺吹氣當然也犯規（參照插圖❷）。

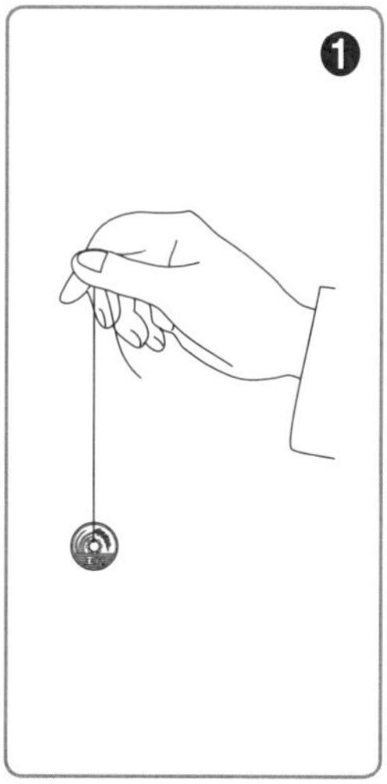

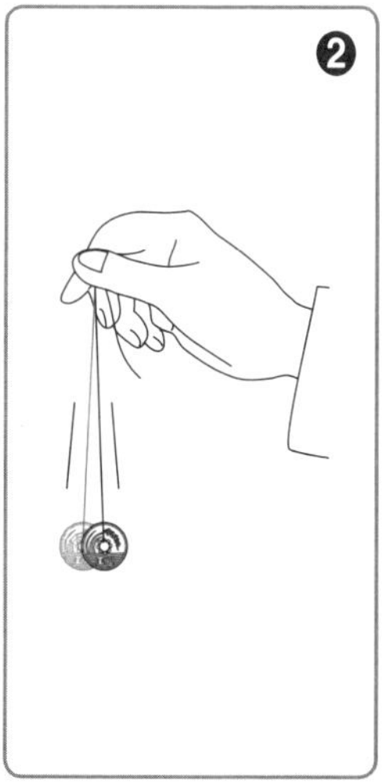

●靈擺上下擺動後，接下來用念力使靈擺朝其他不同方向移動，包括左右、對角、轉圈等。等五圓銅板擺動一段時間，就可以進入正式的訓練。

訓練開始

▼準備搜尋範圍的地圖

假設搜索範圍是整個家，就準備簡單的房屋平面圖。如果範圍有包含鄰近地區，就簡略畫出周邊的地圖（參照插圖❸）。

另外，如果要在整條街或市區進行大範圍的搜尋，就準備當地的地圖（準備市售的地圖也ＯＫ）。

❸

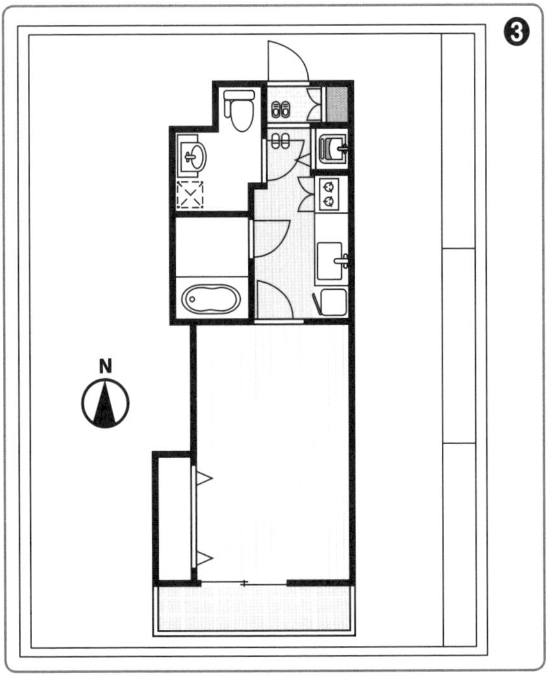

▼搜尋開始

●把靈擺拿到地圖的某一角（四個角的任一角）上方，專心想著要找的物品模樣，等待靈擺開始擺動（參照插圖❹）。

●靈擺開始擺動後，按照擺動的方向拿著尺從地圖上的區塊劃直線（參照插圖❺）。

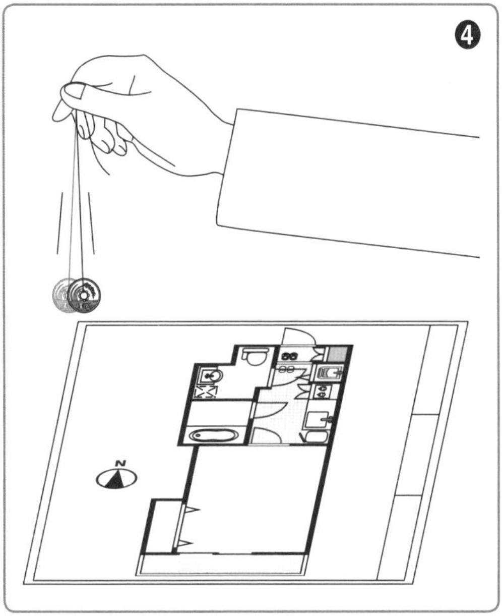

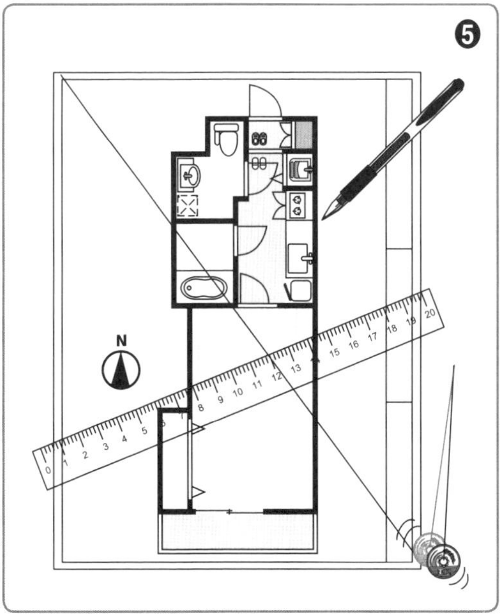

●再輪流把靈擺放在其他三個角上方，一樣在擺動的方向劃線。最後找到四條線重疊的地點（參照插圖❻）。

●如果重疊處分散各處，或是範圍很大，再把範圍縮小到二分之一、四分之一，一樣把靈擺放在上方，劃線。只要逐步縮小範圍，最後一定會找到一個交會點。要找的東西應該就隱藏在這個交會點一帶。

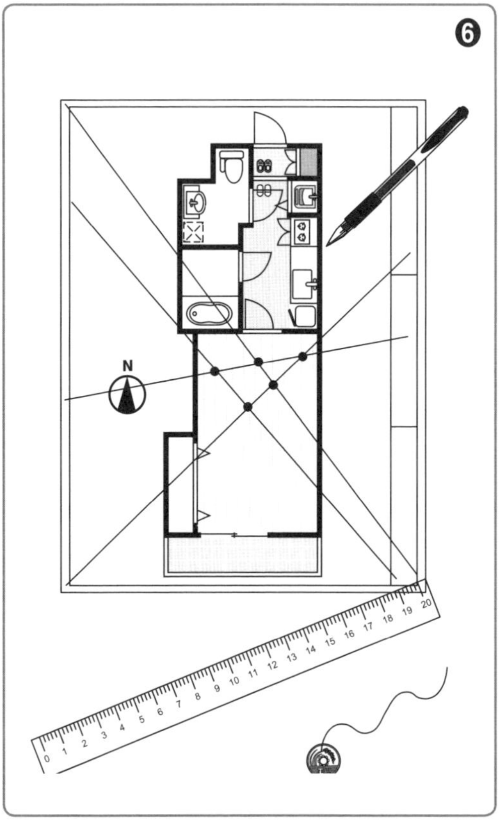

●只要確定大概的位置，接下來便是實際走到該地點。抵達後，再次拿出靈擺（參照插圖❼）。

●配合靈擺的擺動方向，逐步縮小範圍，接著再次全神貫注的拿出靈擺，觀察擺動的情形。擺動的幅度愈大，表示距離搜尋的東西愈近。

●接著搜索地毯、家具下方。有時候，只要一挖土就找到東西了。

❼

訓練重點

「地圖探測法」很簡單，每個人都能夠輕易做到，但若是產生了厭倦感，探測能力就會變得不穩定。如果覺得累了，或是靈擺不擺動了，就停下來休息。休息夠了再重新出發，或者換分新地圖來轉換心情也很重要。

總而言之，只要進行紙上搜尋三次左右，特定出大略的地點，相信應該能得到讓人滿意的結果。

應用篇

「地圖探測法」也可以用於尋找失物以外的目的。比方考生用於選志願、社會新鮮人用於挑選就職的公司等。

進了新學校或新公司以後，因為「水土不服」導致身體出狀況的情況時有所聞。這點涉及到地勢學與風水的問題，但為了避免發生這樣的憾事，請各位務必多加利用「地圖探測法」。

我的朋友當中，也有人依照上述的超能力判斷，最後進入一間與他原本心目中理想科系完全相反的學校。入學後，他不但獲得了教授的賞識，也積極投入研究。我想，這都是拜他願意鼓起勇氣，依照超能力的指示去選擇所賜。

section 29

靠著地圖和原子筆搜尋失物

「原子筆．地圖探測法」訓練

◉人數／1人
◉道具／地圖、原子筆

準備

準備圓形且筆桿質地光滑的原子筆。拿起原子筆的力道保持在只要鬆一些就會從手指滑落的程度。

訓練開始

● 閉上眼，腦中想著失物的樣子，一手拿著原子筆懸在地圖上方，慢慢地往各個方向移動（參照插圖❶）。

❶

●這時，如果移動到某個位置時，原子筆突然從指尖滑落，就用手接住筆，並在地圖上做上●的記號，同時仔細確認地點（參照插圖❷）。

●接著把地圖朝其他方向擺，閉上眼。不要預設立場，拿著筆到處移動。如果原子筆突然掉落，就用筆標出掉落的位置（參照插圖❸）。

●重複上述步驟幾次。

診斷

記號●最集中的地點，就是失物所在。

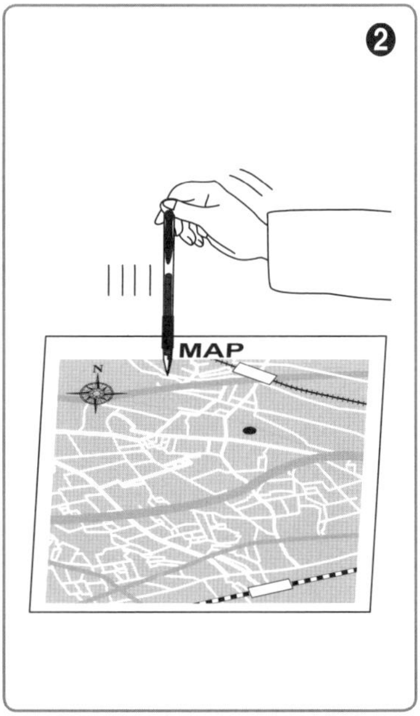

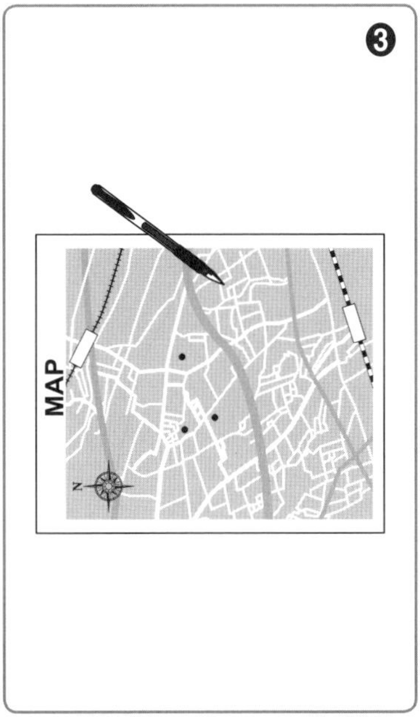

section 30

挑戰機率二十分之一的尋寶遊戲！「迷你版尋找隱藏寶藏」訓練

◉人數／2人
◉道具／空的火柴盒二十個、戒指等貴金屬一個

我相信，嘗試了前述兩個只要使用五圓銅板與原子筆「地圖探測法」訓練之後，不少人都會覺得很驚訝，因為發現原來自己竟然可以發揮這樣的探測能力。

接下來，請各位挑戰運用透視能力的「尋找隱藏寶藏」。具體而言，這是一個「迷你版尋寶訓練」，請各位從二十個火柴盒（或是同樣形狀、同等大小、同樣外型的盒子）中，找到藏有寶物的盒子。

這個訓練也屬於一種超能力開發法，所以請各位趕快仰賴自己的（潛在）超能力，來挑戰看看吧。

準備

●把戒指等貴重的飾品放進其中一個火柴盒，用膠帶固定（參照下頁插圖❶）。

●混入其他火柴盒，一起排好（參照插圖❷）。

遊戲方式

●這次的尋寶訓練，用的是消去法，也就是要刪除「這盒不是寶物」的選項。這時，請運用視覺、嗅覺，再搭配手的觸覺一起感受。

●凝視火柴盒的過程中，每個人獲得訊息的管道都不一樣，有些人是透過視覺，也有人藉由觸覺、嗅覺等。就像有些人能直接看透盒子內部，或是覺得只有裝了寶物的盒子看起來特別亮，也有人摸到裝了寶物的盒子覺得一陣冰涼，或是聞到一股香氣，所以有預感自己找到寶了。總之，不論管道為何，只要經過練習，每個人確實都能找到寶物。

●首先用眼睛判斷，如果覺得「這盒不是寶物」，就把手掌靠過去以進一步確認。如果觸感

❷

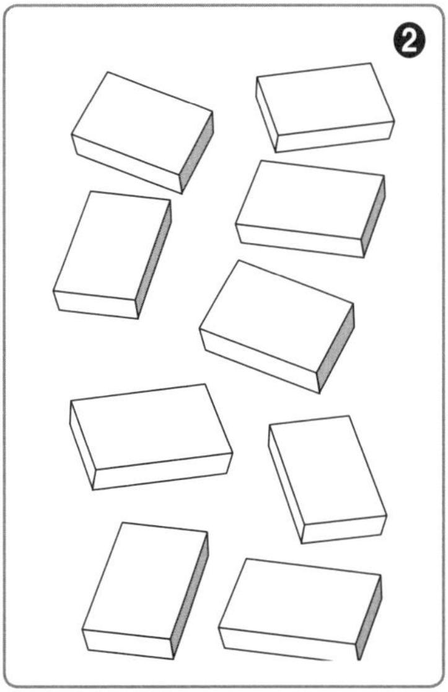

❶

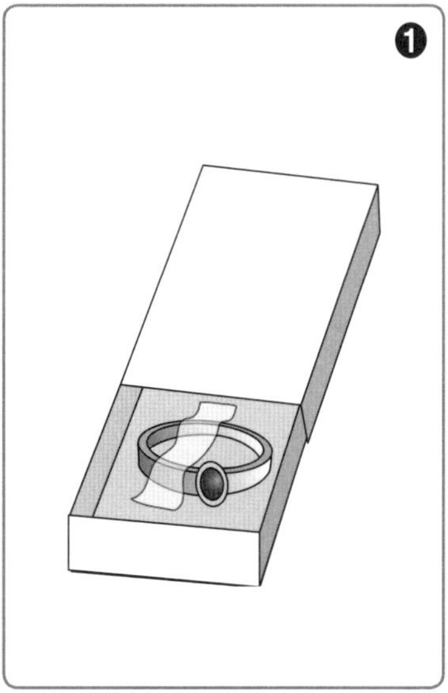

和平常不一樣，不是冷就是熱，就先放在保留區（參照插圖❸）。

●如果覺得難以決定，請夥伴替你將盒子重新排好。之所以會感到迷惑，可能是因為自己拘泥於場地散發的感覺，或是與曾經體驗的印象重疊所致。「一旦感到迷惘就馬上洗牌」是這個訓練成功與否的關鍵。

訓練開始

●從二十個火柴盒當中，每次拿出二～四個自己感覺「這裡面一定不是寶物」的火柴盒放在一邊（參照下頁插圖❹）。

●檢查這二～四個火柴盒，如果裡面都沒有寶物，就再從火柴盒堆裡拿二～四個。

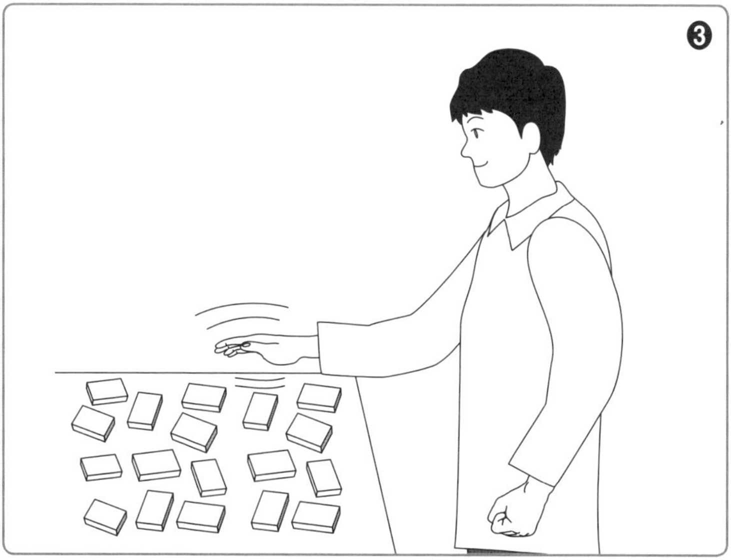

●等到火柴盒堆的火柴只剩十個左右，接著改成每次只拿出一個。

●如果寶物已經出現，就把二十個火柴盒分成幾組，再次挑戰。舉例而言，假設寶藏在剩下五個火柴盒時出現，接下來就把二十個火柴盒任意分成五組（如果在剩下十個火柴盒時出現就分成十組，剩下三個火柴盒時出現就分成三組以此類推。替火柴盒分組的人選不拘）（參照插圖❺）。

●接下來以組為單位，把覺得「這裡面一定不是寶物」的一組火柴盒拿出來，檢查內容物。

●如果寶物就在第一組拿出來的火柴盒，就再次把火柴盒分為五組，重新挑戰。如果抽到第三組才看到寶物，就把火柴盒分為三組，再次挑戰。總而言之，如果沒有進步就重新挑戰，如有進展，就逐漸增加每次抽走的火柴盒數量。

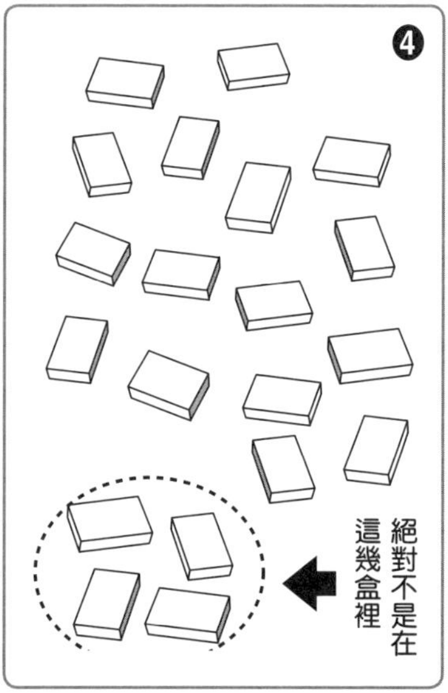

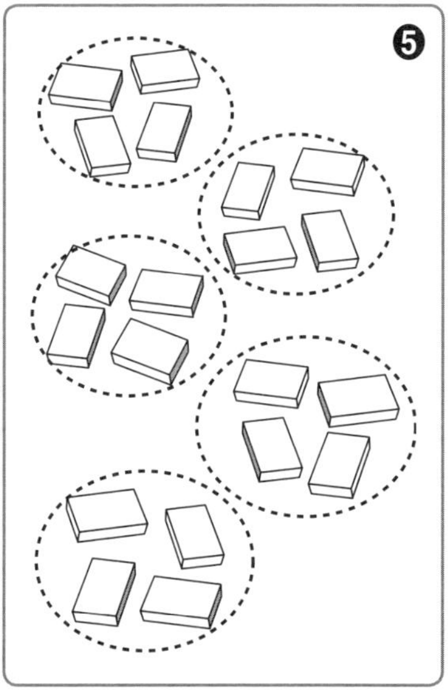

●如同上述，慢慢增加每次抽走的火柴盒數量，最後，就能一次抽出除了寶物以外的所有火柴盒。

診斷

只要透過這個訓練不斷鍛鍊能力，不管最後是四十個火柴盒還是一百個火柴盒，最後各位都能精準地留下唯一的寶物。

等到熟練之後，各位只須看一眼或是觸摸一下，就能找出寶物了。

迷惘與煩惱的解決對策是了解自己的身體

接下來，請各位發揮「尋寶」能力，為自己謀求最大的福利吧。不論是挑選最適合自己的理想學校或工作，或是掌握自己與伴侶的速配指數、如何解決眼前煩惱的對策等通通適用。

或許透過這個方法會讓你找到從來沒想過的答案，吃驚連連，但是我相信這個答案一定會以某種形式為你帶來幸運。

接下來為各位介紹的訓練，算是一種利用潛意識的「探測術」。其實，日本自古以來，也不斷以各種形式利用探測術，而且一路傳承到今天。

舉例而言，用於密教世界的曼荼羅便是一種探測術。起初，曼荼羅也被當作調查自己守護靈的用具。方法是把寫著「～如來」「～菩薩」的大型曼荼羅鋪在地板上，再由信徒從身後把花朵投向曼荼羅，花朵掉落處所寫著的尊者，就是該信徒的守護靈。

因為是從背後把花投出去，自己不會意識到會掉在哪裡。但是，身體已經胸有成竹，知道後面有什麼，**就算無法以眼睛確認，手的肌肉也可以算出花掉落之處**。換言之，會掉在何處並非隨機產生，而是在應該出手時出手所帶來的結果。

這種探測術也可以應用在曼荼羅以外的道具（例如「探測盤」）。

首先，請各位先利用「密教式・透視命運」訓練，找出自己該走的路。

section 31

找到最適合你的前途「密教式・透視命運」訓練

◎人數／2人
◎道具／素色紙張、銅板

準備

●準備直徑約十公分的素面紙張（色紙也OK）。
●把每間學校的名稱（公司名稱、職業名稱）各寫在一張紙上。
●請夥伴幫你把紙張排好，但不要讓你看到（參照插圖❶）。

訓練開始

●請背對著排好的紙張站著（坐著也可以），做幾次深呼吸，在心裡默念「請告訴我最適合我的學校（公司、職業）」。

●接著把銅板往身後一擲，看看掉在哪張紙上（參照插圖❷）。

診斷

硬幣掉落的那張紙上寫著的學校，就是最適合你的學校。不過，最重要的是你對這個結果的信任程度有幾分。如果改天再做一次，總共做三次，都是同樣的結果，想必各位的信心也會增加吧。

探測術終究只是身體最誠實的反應，並不是提升學力的咒術。希望各位能輕鬆以對，抱著愉快的心情決定「要讀哪間學校」。當你要下一個足以左右人生的重要決定，除了探測術的結果，也請將當時的狀況等一併納入考量，最後選擇讓自己完全認同的人生道路。

section 32

以後買東西再也不會後悔了！「導購手」訓練

◉人數／1人

請問各位是否有過出門購物時陷入選擇困難，不知道該買哪一件物品的經驗呢？更氣人的是，明明是深思熟慮後才買的東西，回到家以後，又覺得好像沒那麼喜歡了……。

為了避免再度發生這種情況，橫下心來，把決定權交給直覺，說不定是個好方法。其實，運用直覺的力量，並不是什麼困難的事。只要相信自己的「觸感」就好。

訓練開始

●把想要的東西拿在手上，用手從邊緣慢慢掃過去感應。這時，請把意識集中在被稱為「勞宮」的手部中央。記住手部接收到的感覺。

●不論接觸的東西是什麼，每次產生的感覺應該都不一樣。有時候是覺得冷冷的，有時候毫無感覺，也有時候會覺得熱熱的。

診斷

手感覺是冷是熱，會依照材質和當天的室溫等因素而異。不過，最重要的關鍵還是用手感應物品時，一瞬間出現的感受。

這時，**讓你覺得冰冷的物品，表示與自己的身體不合**，最好放棄。如果感覺像是有一股微風輕拂，就不必猶豫，直接買單就對了。因為手上的這件商品，和你的身體很速配。

即使看起來完全一模一樣的商品，用手感應之後，有時產生的感受會有落差。這是因為有些東西與你「意氣投合」，但有些就是「意氣不投合」。

簡單來說，**「自己想要的東西」和「得到了能帶來好運，使念力增強的東西」並不一定能劃上等號**。換言之，能夠找到同時符合「我想要！」與「開運！」的商品，才稱得上是真正買對東西。

看到某樣商品時，即使感覺不太符合自己的品味，但也捨不得放回架上時，不妨用手感應看看。如果發現感覺很不錯，就大膽買下這件商品吧。

section 33

找到速配度、適性以及解決煩惱的方法「探測盤」訓練

◉人數／1人
◉道具／本書、銅板靈擺等

只要使用自製的探測盤，就能知道自己與對方的速配程度、自己的適性，甚至能掌握解決煩惱的方法。因為情報來源是自己的潛在能力，保證能獲得很明確的解答。

準備

●首先製作探測棒。可以使用前述的五圓日幣銅板靈擺，也可以參考下頁以摺紙方式製作的探測棒。

●完成探測棒後，接著就使用探測盤進行探測吧。

使用摺紙製作探測棒的方法

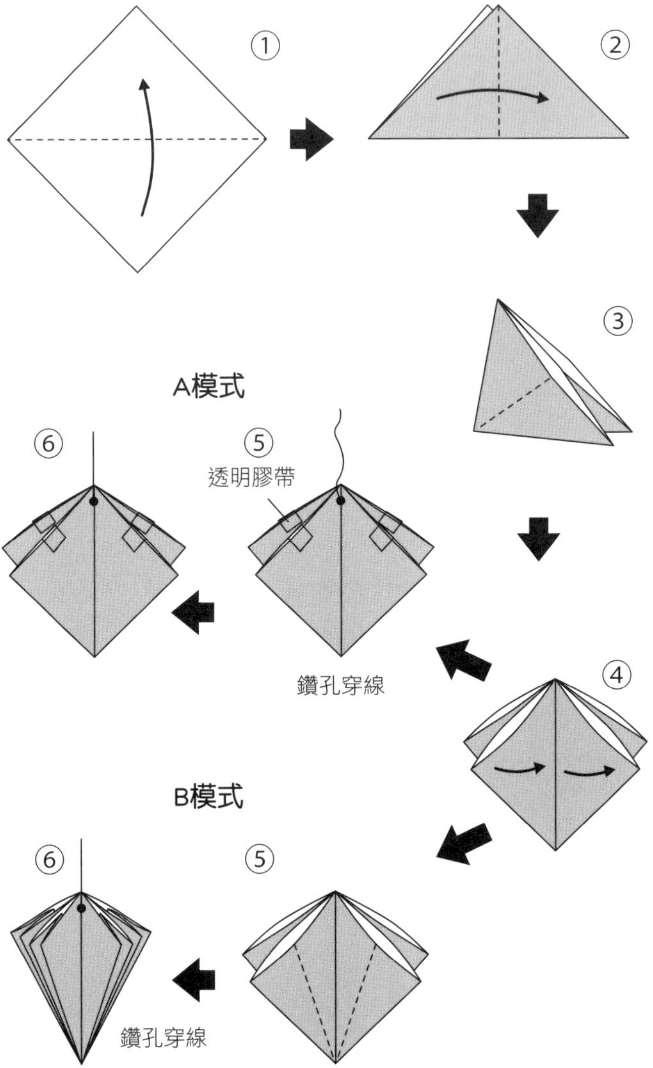

訓練開始

舉例而言，假設你想知道「那個人有多喜歡我」，就把探測棒掛在「百分比調查盤」中央，在心裡默念想知道的事情，想著對方的模樣。這時，探測棒應該就會開始搖動。

診斷

假設你想知道的是「那個人有多喜歡我」。如果探測棒是朝六〇％的方向搖擺，那就表示「對方喜歡你的程度大約是六〇％」。

如果想知道的事情與工作有關，就把探測棒掛在「YES／NO調查盤」中央，腦中想像著談生意的情景，心中默問「今天的商談會成功嗎？」如果探測棒往上下搖擺就是「成功」，朝左右搖擺就是「失敗」，如果轉圈，表示「不知道」。

第一六六～一六七頁為各位準備了五種探測盤，分別是「YES／NO調查盤」「英文字母調查盤」「數字調查盤」「百分比調查盤」「方位調查盤」。請各位充分利用，一一問出自己想知道的事情。

「方位調查盤」

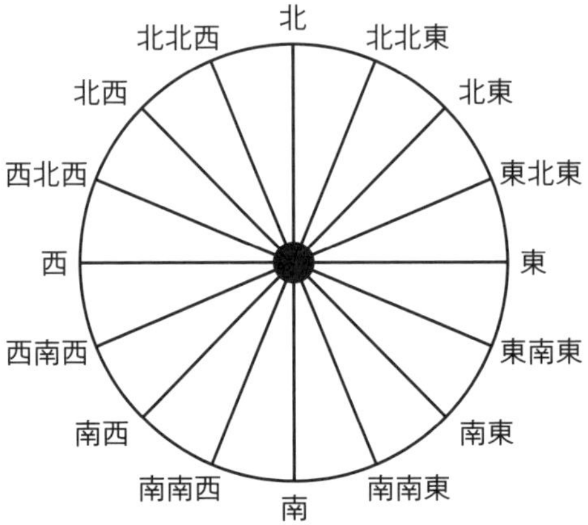

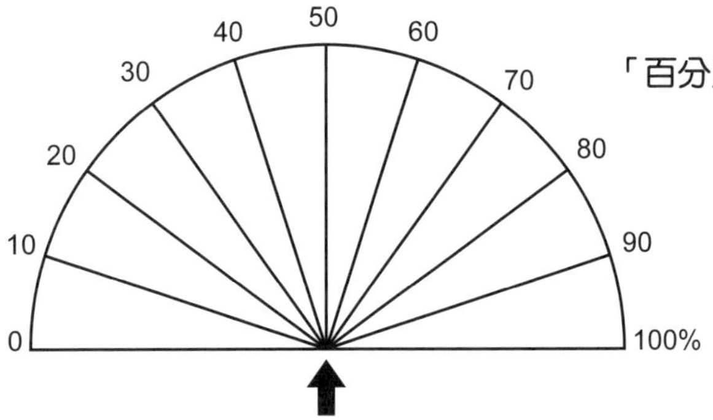

「百分比調查盤」

※ 請把靈擺或探測棒掛在箭頭
或圓形中央的正上方。

探測盤

「YES / NO調查盤」

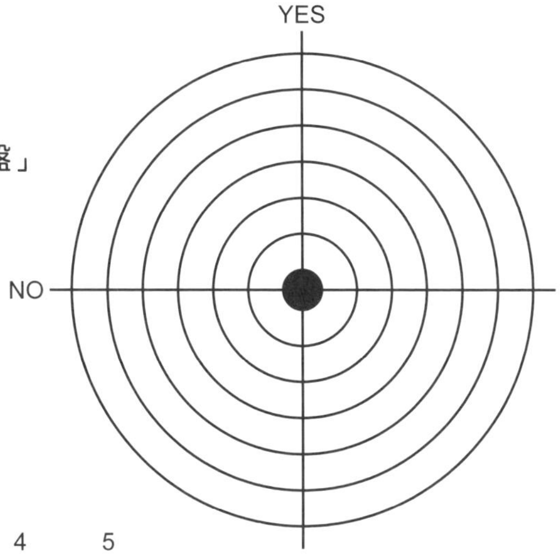

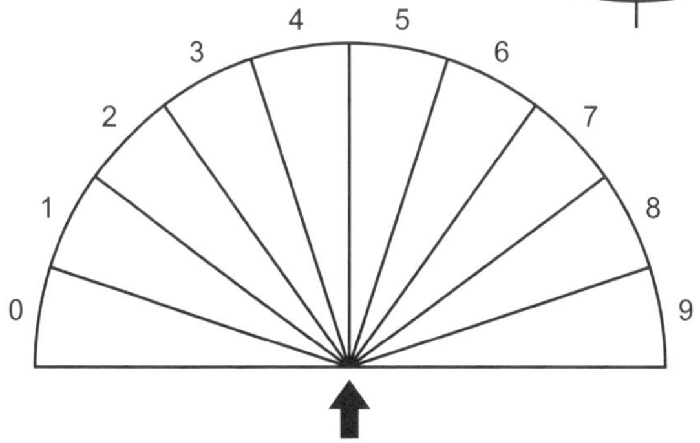

「數字調查盤」

「英文字母調查盤」

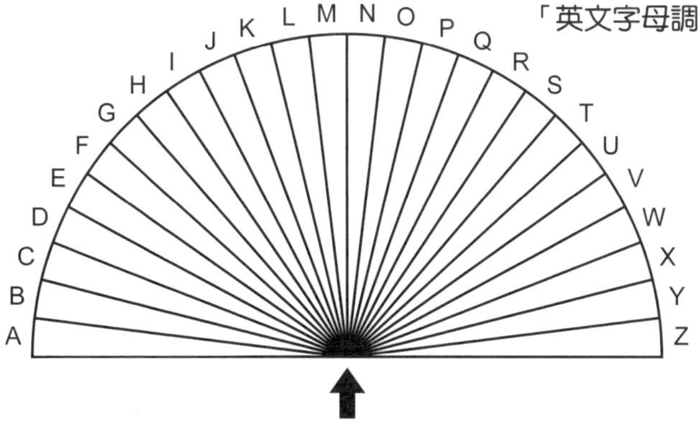

讚美自己也是磨練感受性的一種方法

能力都具備慣性。只要曾經投入強烈的感情，就會有意願一直持續下去。

就算本人已經忘記，只留下慣性，這分能力還是會一直發揮作用。

只要能力往好的一面發揮，當然不會有問題，但麻煩的是，**如果放任不管，能力會往不好的方面發揮**。

人的感受力會把偵測到危險事件視為最優先考量。假設你和某個人面對面坐下來，感受力就會開始偵測，確認對方是否會造成危險事故或引發風險。

占卜師和超能力者之所以能夠精準預言和準確說中對方的過去，也是因為比起好事，預言（說中）壞事，像是「你在三個月後會出事」「你兩年前曾經骨折吧」要容易多了。

因此，**我們實有必要想辦法控制自己的力量，或者說做好風險管理**。

原因很簡單，如果管理不當，將會被身邊的人當作公敵。甚至連初次見面的人也容易對你產生這樣的印象：「雖然笑得很親切，但心裡一定很看不起人。」

如果能力往負面發展，對精神會造成莫大的消耗。因為抱持著負面想像所消耗的能量，要比抱持著正面想像多出好幾倍。

另一項害處是抱持著負面想像會使人筋疲力竭，消耗能量程度之激烈，甚至連潛意識都會抗拒「我已經不需要這種能力」。如果作用在戀愛方面，就會產生「我再也不要戀愛」「我已經受夠戀愛」的想法。如果是工作，就會變成「這分工作不符合我能力，我不想幹了」「再怎麼努力也不會有回報」。

從出生那一刻起，我們的潛意識已被設定為「要活下去」。也就是有偵測器隨時在「活下去、不活下去」的選項中，**單獨挑出「活下去」的選項**。

這種偵測器在受到讚美後，性能會大幅提升。換言之，**自己讚美自己，等於替偵測器上潤滑油**。

如果換個說法，讚美就是讓潛在能力發揮作用。因為只要聽到「你真的好厲害」這句話，迴路馬上就會與「活下去」的選項連結起來。

相反的，如果疏於讚美偵測器，它的性能就會每況愈下。如此一來，所有的迴路都會出狀況，讓人做出通往危險的錯誤選擇，最後不斷哀嘆「我的運氣好差啊」。

因此，請各位三不五時讚美自己的偵測器，才能不斷磨練它的功力。

✦ 愈是心懷不滿的人，愈是隱藏著意想不到的能力

不論對工作還是人生，完全沒有任何不滿或覺得毫無壓力的人，應該微乎其微吧。即使程度不一，只要生而為人，就或多或少都有一些煩惱。

因為壓力而感到焦慮不安時，潛在能力就很容易往負面發展。

不過，因為心懷不滿和壓力而容易往負面發展的人，其實比一般人更容易發揮潛在能力。

簡單來說，這樣的人純粹只是搞錯目的的方向，導致能力一股腦往負面方向發展。換言之，**只要稍微轉換方向，原本潛藏的能力有時就會往正面發揮，不論做什麼都變得很順利**。

舉例而言，原本運氣衰到一個月掉三次錢包的人，自從轉換了方向，不但從此不再掉錢包，甚至還中了好幾次彩券。

另外，有別於能力潛在但未顯露的人，有些人則是先天就會顯露出能力。

這樣的能力大多集中在少數民族身上。世界知名的能力者大多都出身於少數民族。

例如號稱俄羅斯最強的超能力者朱諾·戴維什維利就來自敘利亞。鼎鼎大名的尤里·蓋勒（Uri Geller）也是出身於少數民族。尤里·蓋勒以超能力者的身分聞名於日本，此外，他也是

個畫家、雕刻家、發明家。

如同上述，愈是覺得有壓迫感的人、因為壓力太大，老是覺得自己衰運連連的人，愈是潛藏著強大的能力。因此，重要的是，即使是**一直覺得「我就是不走運」的人，也千萬不要就此放棄希望。**

只要了解這點的重要性，相信你一定會迎來時來運轉的一天。

第七章

實際體驗可將直覺力提高到極致的念力！

◆不穩定的物品，比預期中更容易動起來

本書截至目前所介紹的方法，訓練的都是被動能力，也就是從周圍的物品感應各種訊息，而非賦予物品力量。

本章要請各位做的是，實際運用自己的念力，體驗讓人和物品動起來的「念動力」。為了能有效發動念力與念動力，我們必須借助直覺的力量，所以接下來的訓練也有助於培養直覺力。

和已經被牢牢固定的重物相比，念動力更容易發揮在重心不穩、材質輕的物品上。例如固定在針上的迷你平衡玩偶、輕到能浮在水面的日幣一元硬幣，即使是初學者的你，也不必經過太多練習就讓它們動起來。

請各位務必挑戰接下來介紹的簡單訓練。

section 34

只要用手從上面感應就會動起來

「動起來！平衡玩偶」訓練

◉人數／1人

◉道具／橡皮擦、長度十公分左右的針、玻璃杯、墊板

準備

●在玻璃杯裡倒入八分滿的鹽水，在上面放一塊塑膠製的墊板。

●把長約五～十公分的針刺進橡皮擦（完全穿透也可以），放在墊板上。

●把紙做的「平衡玩偶」（參照第一七六頁）放在墊板上（參照插圖❶）。

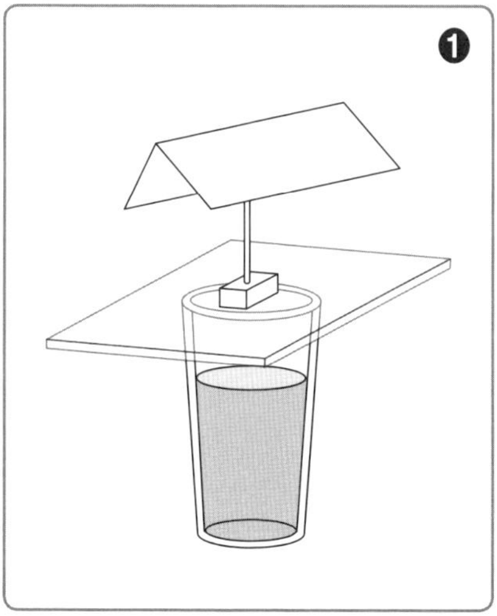

※請參考左邊的展開圖，用圖畫紙製作獨一無二的平衡玩偶。力量能否傳達的形狀因人而異，所以建議多嘗試幾種不同的形狀。

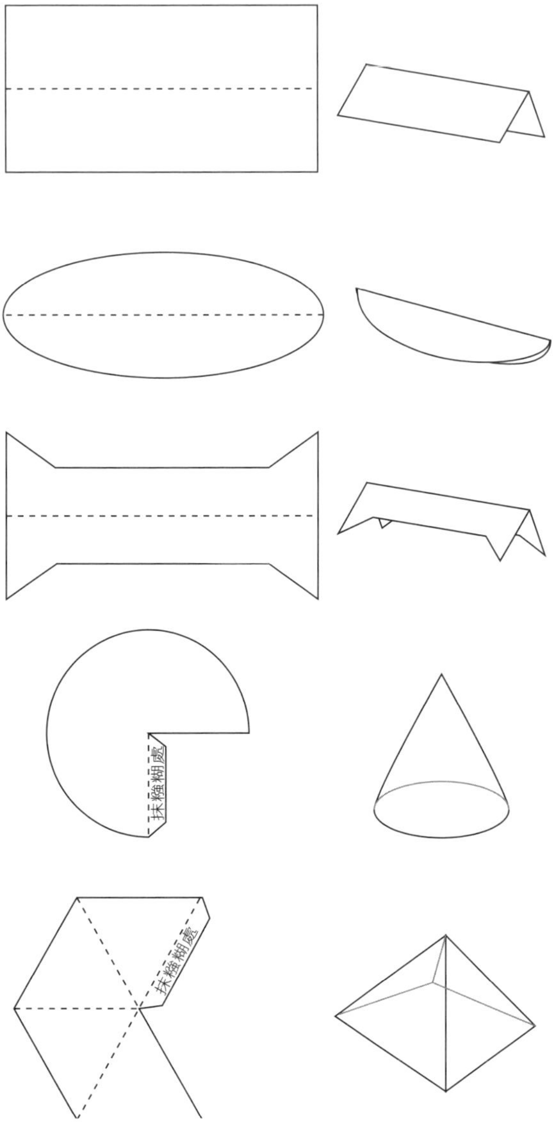

訓練開始

●伸出雙手感應，在心裡默念「平衡玩偶，動起來」（參照插圖❷）。

●如果平衡玩偶不動，手就再靠近一點再離開。反覆這個動作。

●平衡玩偶動了以後，再把手伸到玩偶上方感應，先默念「往左轉」，再默念「往右轉」，看看「平衡玩偶」會不會真的朝自己說的方向轉動。

診斷

請問平衡玩偶動了嗎？讓平衡玩偶不斷轉圈的人，稱得上是擁有十分強大的念動力。接著，請不要用手感應，試試只靠視線就讓平衡玩偶移動。這絕非完全不可能辦到的事喔。

如果平衡玩偶紋風不動也不必擔心。只要挑戰下面兩項簡單的訓練，保證你的念動力一定會開竅。

section 35

以念力讓浮在水面上的日幣一圓硬幣動起來

「一圓硬幣動起來」訓練

◉人數／1人
◉道具／洗臉盆、日幣一圓硬幣、水性筆、紙

準備

●用水性筆在洗臉盆的邊緣做一個小記號，倒水裝至半滿。
●緩緩讓日幣一圓硬幣浮在水面上（參照插圖❶）。

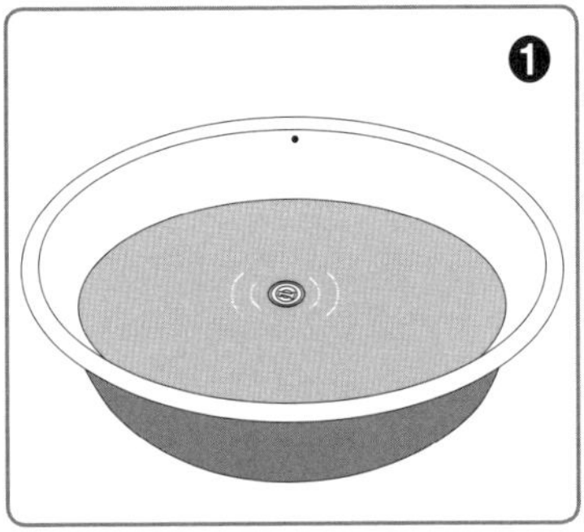

訓練開始

●用紙蓋住硬幣，只露出一點點（參照插圖❷）。

●在心裡想像著「太陽將要升起」的景象（參照插圖❸）。

●想像著看到硬幣露出來又消失的景象。重複著同樣的想像（參照插圖❹）。

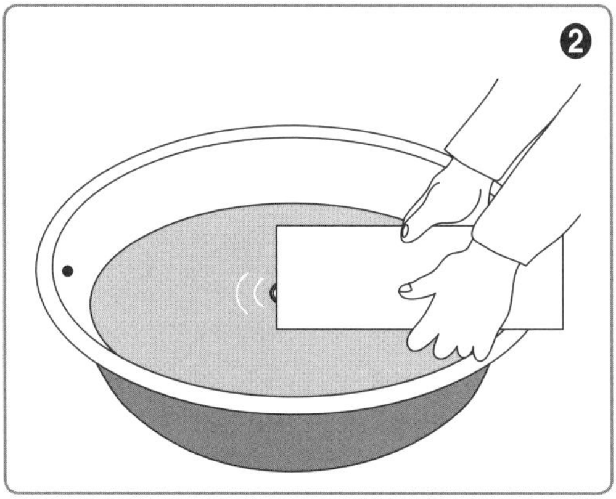

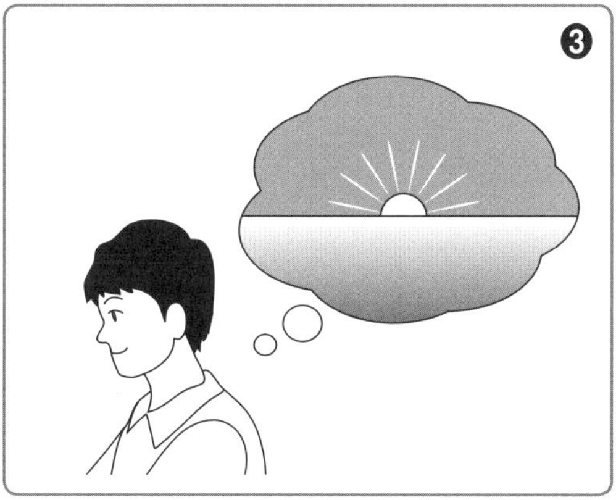

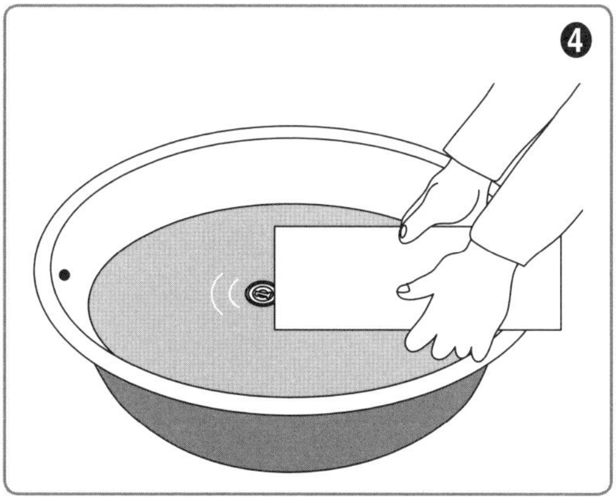

●如果順利完成上述訓練，接著請伸出手感應，試著讓硬幣動起來。這時，手跟著往想要讓硬幣移動的方向移動會更容易達成（參照插圖❺）。

●硬幣開始移動後，試著讓硬幣移動到事先做好的記號處，然後不要再離開。

●如果順利達成，手不要跟著移動，試著把手放硬幣上方，讓硬幣動起來。

●最終的目標是只靠視線便讓硬幣移動。

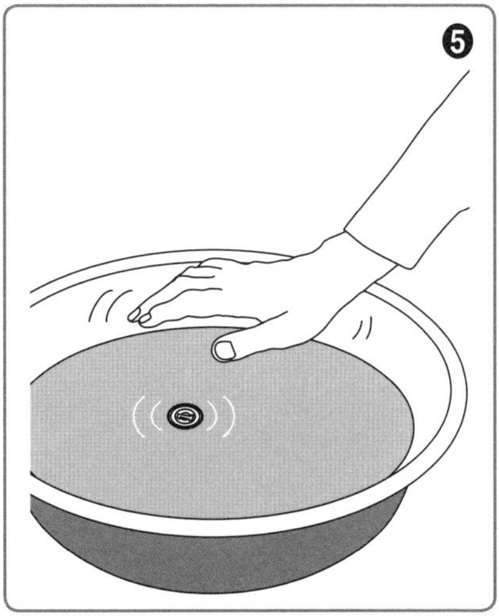

診斷

以循序漸進的方式提高難度應該是很合理的訓練方式吧。即使一開始硬幣完全不動，只要經過練習，一定會動起來。絕對不可以焦急或煩躁。有著「硬幣一定會動」的信心很重要。

section 36

利用氣的力量讓紙飛起來！「飛天魔紙」訓練

◉人數／1人
◉道具／紙、玻璃杯

訓練開始

●把紙張裁切成長寬約十公分的四方形後對折，立在桌子上。

●把右手貼在左臉頰，再將右手的指尖靠近豎起來的紙（參照插圖❶）。

診斷

請問結果如何？我想幾乎所有人都能夠讓紙動起來吧。

不過，現在高興還太早。因為這不過是借用風力讓紙動起來。接下來，請各位只靠自己的念動力試試看。

應用篇

●為了避免有風產生，請放慢動作。

●接著拉長與紙張的距離，再試一次。

●如果紙張還是動了，接著加入玻璃杯等障礙物（參照下頁插圖❷）。如果加入障礙物，紙張還是動了，表示你的念動力發揮得相當徹底。接著請挑戰高級篇的訓練。

高級篇

●試著只用視線讓紙張倒下去。舉例而言，先把紙張立在桌子邊緣等不穩固的位置，看著紙，心裡想著：「很不穩啊。紙好像快倒下去了」。每次看著紙的時間只需二～三秒，不必太久。過一會再突然看著紙，心裡想著：「紙好像快倒下去了」（參照下頁插圖❸）。施於紙張的念力會利用這段空檔加值，所以紙張應該遲早會倒下去。

●接著把紙裝入透明杯子裡。這時，無論手部的動作有多激烈都沒關係（參照插圖❹）。

如果紙張倒了下去，表示你的念力已經到了非同小可的程度。

section 37

利用念力調整蠟燭的火焰

「不可思議的火焰」訓練

◉人數／1人
◉道具／蠟燭

調節燭火，使火焰伸長或者膨脹，也是念動力的一種。

我想很多人都曾經在電影和漫畫中看過扮成修行者的人，把火焰化為惡魔形象的場面吧。

就算達不到那種程度，但經過練習後，起碼有機會能夠調節火焰。請大家一定要試著挑戰看看。

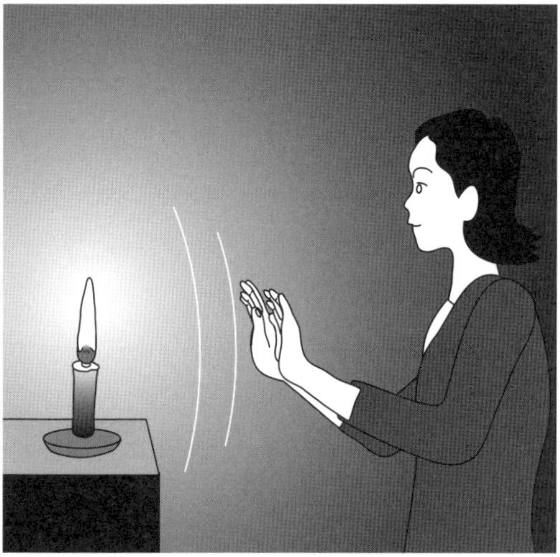

訓練開始

● 考慮到火勢有可能突然變大，所以請收好周邊的易燃物品，以謹慎的態度進行挑戰。
● 點上蠟燭，關上房間的燈。
● 凝視著火焰，發揮強烈的念力默念著：「火焰變長！變長！」
● 如果火焰真的變長了，接著就默念：「火焰膨脹！膨脹！」同時想像著火焰往兩旁燒得很旺的景象。
● 接著默念：「火焰變小，變小！」
● 如果火焰變小了，最後默念：「燭火搖晃、搖晃！」

改變身邊物品的材質與形狀

接下來的訓練是改變身邊物品的材質與形狀。聽到「改變物品的形狀」，我相信很多人第一個想到的都是最常見的「彎曲湯匙」吧。

接下來的訓練，第一步就是彎曲湯匙。

section 38

挑戰最經典的「彎曲湯匙」！
「三支湯匙比較法」訓練

◎人數／1人
◎道具／同款式的湯匙三支

「彎曲湯匙」可說是電視台超能力節目中最經典的環節，不過現實生活中，有能力只摸了湯匙幾下，甚至僅靠著凝視就讓湯匙像繩子一樣彎曲的人，絕對是鳳毛麟角般的存在。

話說回來，有些人雖然有能力彎曲湯匙，但是彎曲的幅度太小，所以很多人都沒有發現自己竟然有辦法彎曲湯匙。

因此，為了這些很可惜沒有發現自己能力的人，以下為各位介紹一個萬無一失的方法，也就是「三支湯匙比較法」。

訓練❶…以意念彎曲

●準備三支同款的湯匙（建議新手選擇質地較薄、圓邊的湯匙）。

●把三支湯匙疊在一起，確認形狀是不是完全相同（參照下頁插圖❶）。

●拿著第一支湯匙，搓著湯匙柄的前端，在腦中想像著放在大熱天裡，已經開始融化的巧克力或棉花糖等柔軟的物品（參照下頁插圖❷）。

●稍微出點力，試著彎曲湯匙（參照插圖❸）。

●這時，如果覺得手上的湯匙變得比一般湯匙軟，容易彎曲，第一階段就可以算是成功了。但是，第一根湯匙並不重要，因為它的功能不過是為了讓身體記住彎曲形狀的道具。所以，不必小心控制力道，即使壓彎了也沒關係。

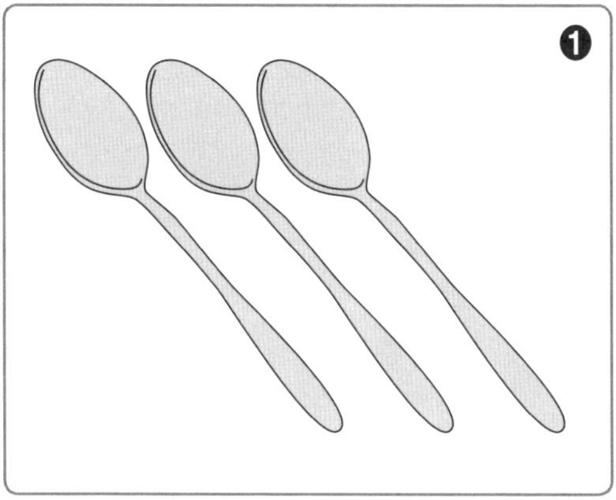

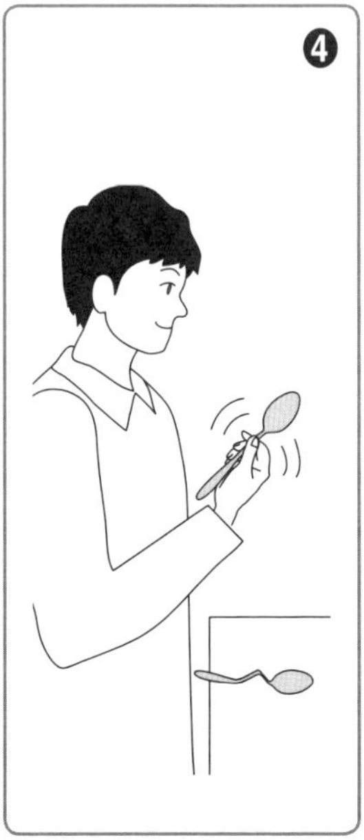

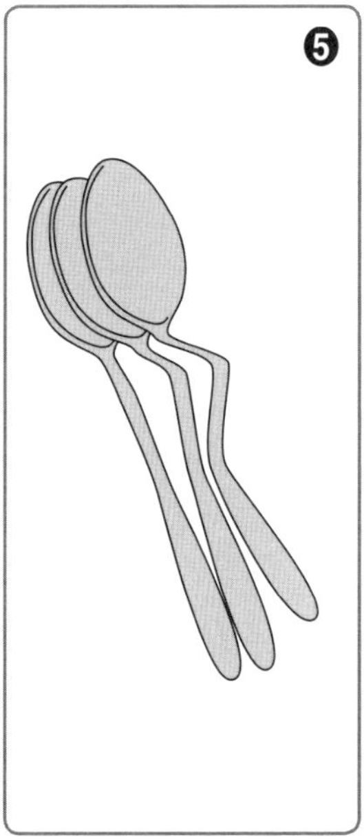

●盯著被自己壓彎的湯匙。時間久到足以記住湯匙彎曲的程度與彎曲的線條等細節。

●把第一支湯匙放在一旁。

●接著拿起第二支湯匙，看著第一支已經被折彎的湯匙，腦中想著手中的湯匙，形狀會變得和第一支一樣，同時輕輕摩擦湯匙（參照插圖❹）。

●持續五～十分鐘。

●最後，把第二支湯匙，與用力折彎的第一支湯匙與第三支筆直的湯匙重疊再一起（參照插圖❺）。

請問結果如何？相信各位一定能發現湯匙之間的彎曲程度出現了微妙的差異吧。即使彎曲的程度微乎其微，但能夠讓第一支湯匙就彎曲的人，真的很厲害。

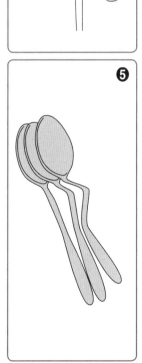

訓練②：處在興奮狀態下彎曲

接下來為各位介紹先讓自己處於興奮狀態，再彎曲湯匙的方法。首先，我不建議在安靜的場所執行這個方法。最好選擇在人多的聚會、大型舞會等場合，讓自己「嗨」到最高點再試試看。應該會很有趣。

●準備三支湯匙，比照訓練①，出力折彎第一支湯匙。
●用非慣用手拿著第一支湯匙。
●用慣用手拿著第二支沒有彎曲的湯匙。
●身體隨著快節奏的音樂進行搖擺，讓自己的情緒高漲到極點時，把對第一支湯匙的想像如法炮製地用在第二支湯匙上。一心想著「變成一樣的形狀、快變」。
●進入渾然忘我的境界，繼續跳舞。
●拿著第二支湯匙與第三支筆直的湯匙進行比較。

上述的方法是讓湯匙彎曲的絕招，而且彎曲的程度之大，可能會讓許多人大吃一驚。因為人處於興奮狀態時，更容易發揮念力。

section 39

以念力彎曲紙鈔「彎曲紙鈔」訓練

◉人數／1人
◉道具／紙鈔

可以靠念力彎曲的不僅限於金屬製品。紙、玻璃，甚至是木頭都可以靠著念力彎曲。接下來要進行的訓練是以念力彎曲一張硬挺的新鈔。

準備

●盡可能準備新鈔一張，放在手掌上。

訓練開始

●把另一手的指尖放在距離紙鈔約二～三公分的上方，以上下來回的方式反覆移動（參照插圖❶）。

❶

●這時，腦中想像著鈔票往內彎曲的景象（參照插圖❷）。彎曲的幅度會因個人的實力而有異。如果功力高強，甚至可能彎曲到摺出新的摺痕。

進行這個訓練時，使用的鈔票愈新，愈容易成功，但如果只有舊鈔也沒關係。實力堅強的人，大概只需五～十秒就能讓新鈔朝內彎曲。

❷

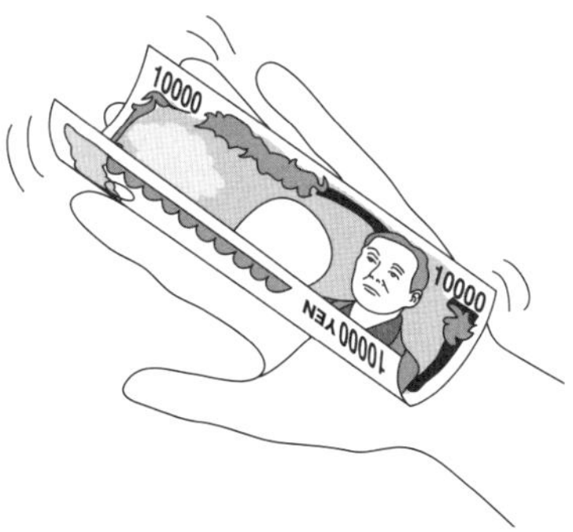

你也可以發出具有破壞性的念力

從超能力的角度來看，有能力的人一旦生氣或被逼到絕境時，有時候會引起「爆發」的現象，就像原子筆的油墨噴出來那樣。

用過鋼筆的人應該都體驗過，有時候鋼筆寫到一半時，會突然流出很多油墨，或是突然就斷水寫不出來。原因是因為寫字的人，把力量都集中在金屬片上，導致沒有控制好出水量，不是太少就是塞住。

舉例而言，我相信不少人都有過這樣的經驗：工作壓力太大時，原子筆芯卻一直斷水。其實這種現象都是由「真不想工作」「真想逃避」的情緒所引發。這種情況稱為「觀察者效應」，也就是**觀察者的預期心理，使與其互動的對象的能力與質產生變化**。

所謂的念力，並不是只會作用於自己期待的方面，有時候也會「唱反調」。最簡單的例子就是壓力愈大的職場，辦公室裡的印表機和電腦愈容易故障。

另外，據說念力也會長久寄存於物品上，或是殘留於空間中。舉例而言，歷史上有些鑽石被稱為「厄運之鑽」。因為只要易主，即使主人是達官顯貴甚至是王室，都會遭遇不幸，彷彿受到詛咒。其實原因便出自念力殘留。全家遭到滅門、靈異現象頻傳的房子，也是空間裡仍殘留著怨念所致。

護身符也一樣。護身符原本不過是裁切好的木片，唯有經過具有能力的神職人員加持，能量才會常駐於護身符，帶給擁有者好運或提供保護的作用。

「思考型態（Sort Form）」是超能力界的用語之一。意思是念力造成的殘留意象。事實上，我也曾經帶著專業的探測師，進行了某項實驗。首先讓大約十個人看了房間內的紅色圓桶垃圾桶。五分鐘後，再把垃圾桶移出房間。

接著請專業的探測師進入已經空無一人的房間。結果探測師一進門沒多久就說：「這裡原本放著什麼東西呢……圓形的、很長，顏色是……紅色。」這位探測師的一語中的，正是說明了念會留在空間裡的例子之一。

同樣的道理，比方很多人以為「那棟房子會鬧鬼」，結果靠著這些想像，有可能真的會憑空生出鬼。更別說如果是真的有亡者強烈意念仍徘迴不去的地方，接二連三地發生不可思議的現象，那麼在人們的集體恐懼下，催生出強大的惡靈也不足為奇了。

另外，活人的念力，也就是生靈，有時也會為非作歹。不過，這種例子很少見，只有在意念非常強烈的情況下才會發生。

因為如此，一般而言，號稱被靈體附身的人，幾乎都是「自認被靈體附身的人」。換個角度來說，這樣的人可說是被靈體的概念附身了。

從超能力的觀點來看，真正的靈異現象，其實微乎其微。但是，這也意味著，為了產生這麼多靈體，必須有具備這方面能力的人參與其中才辦得到。這麼一想，靈體就再也不可怕了。

曾經有孩子將十一個一元銅板貼在自己的臉上！

以前曾經有某個超能力節目，以「擁有驚人超能力的孩子們」為主題，製作了特集。這些號稱萬中選一的超能力者們，雖然看起來和一般小朋友沒有兩樣，卻能夠像吃飯喝水一樣，輕鬆完成「用手指和耳朵讀字」「讓好多個疊在一起的一元硬幣貼在自己的額頭上」等奇技，讓電視機前的觀眾們驚呼連連。

這些有辦法讓五個一元銅板牢牢貼在自己額頭，即使低頭也不會掉落的孩子，以及能夠讓十一個一元銅板貼在臉上，到處走來走去也不會掉落的孩子，具備的能力異於之前介紹的透視與彎曲湯匙。他們擁有的「念著能力」，也引起某些人強烈的興趣，並進行了各種科學分析。

結果證明了念著能力並非透過手指印、汗水、油脂以及靜電所進行。

念著能力是ＥＳＰ與ＰＫ的共同合作，其發生機制是首先利用直覺力，瞬間計算出要讓一元硬幣貼在臉上所須保持的平衡與最低限度的力量，再注入最少的念力以維持平衡。

section 40

讓鉛筆吸附在手掌上
「手掌吸盤」訓練

◉人數／1人
◉道具／鉛筆

準備

成功完成念著訓練的訣竅無他，就是盡量放輕鬆。舉例而言，如果想要讓某件物品貼在手掌上，首先要把精神集中在手掌，並要從物品與手掌的接觸點把力氣放掉。

這就是把物品吸附在手上時的基本要領。請各位務必記住。

訓練開始

● 以輕輕掉落的感覺把鉛筆放在手掌上。如果放下去的時候太用力，鉛筆會沾到手汗（參照下頁插圖❶）。

● 讓精神集中在手掌與鉛筆的接觸點（參照下頁插圖❷）。

● 於接觸點放掉力氣，腦中想像著鉛筆慢慢陷入手掌的景象。

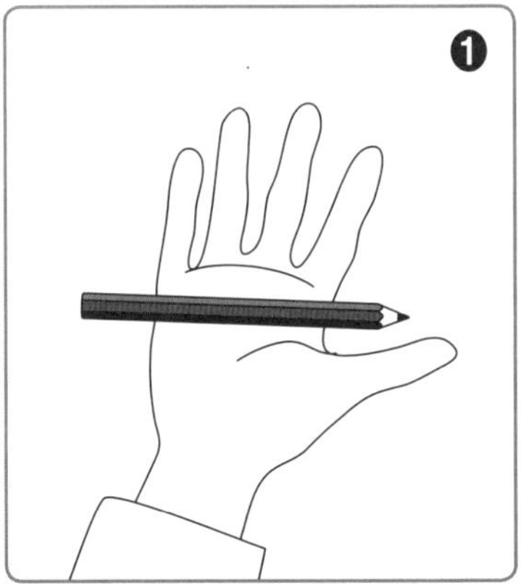

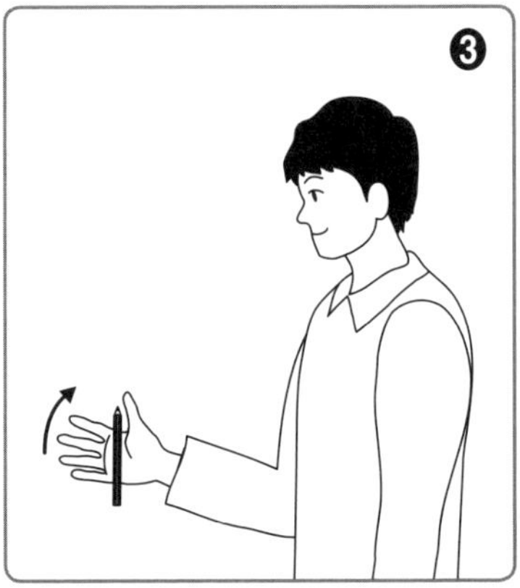

●一旦逐漸放掉力氣，手掌承受的重量感覺變沉了（參照插圖❸）。

●感覺鉛筆陷入手掌後，慢慢地舉起手掌。

診斷

如果能舉到九〇度，就表示即使豎直手掌，鉛筆也沒有掉下來吧。如果成功辦到，表示你的體內也有念著能力。請一鼓作氣進入下個階段的訓練吧。

section 41

讓好幾張撲克牌化為手掌的一部分
「磁吸手掌」訓練

◉人數／1人
◉道具／磁吸式撲克牌

訓練開始

●把二～三張撲克牌隨意放在手掌上。

●從手掌與卡牌的接觸點放掉力氣，想著手掌與卡牌合為一體的景象。等到景象清楚成形後，慢慢地抬起手。

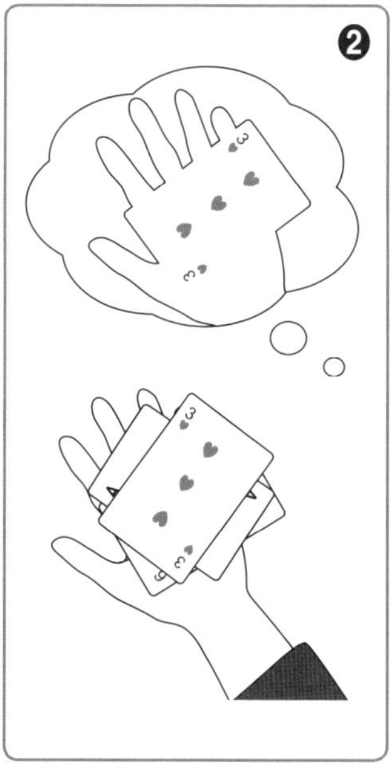

section 42

只靠中指就拉起牌旋轉「魔指」訓練

◉人數／1人
◉道具／塑膠製的撲克牌

訓練開始

●拉著撲克牌的一角，讓牌立起，再以中指和大拇指的指尖捏住牌的對角（參照插圖❶）。

●從指尖放掉力氣，想像手指與卡牌合為一體的樣子。

●想像在腦中清楚成形後，鬆開大拇指。

●接著以更強烈的意念想像著中指化為卡牌一部分的樣子。

●接著單獨用中指，拉著卡片到處移動（參照插圖❷）。

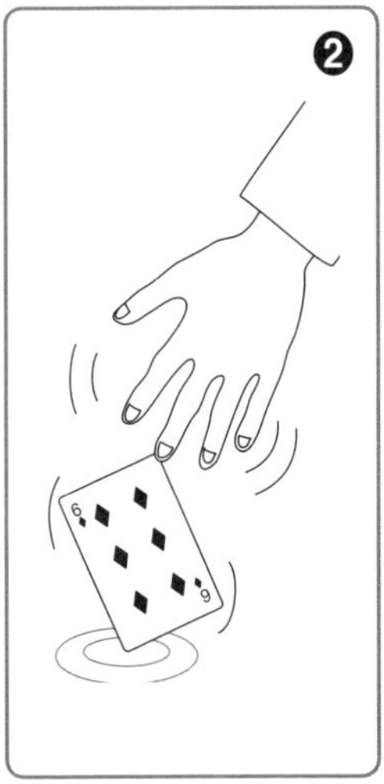

section 43

疊起一圓銅板，貼在額頭上「一圓銅板念著」訓練

◉人數／1人
◉道具／日幣一圓銅板

終於到了把一圓銅板貼在額頭上的訓練。

如同先前的介紹，就我個人所知，曾經有個小孩子能夠一次在額頭上貼十一個日幣的一圓銅板。不知道各位能貼住幾個銅板呢？

訓練開始

● 從一個硬幣開始。
● 以輕輕掉落的感覺把一圓銅板放在額頭上。
● 慢慢的起身。

以這種方式進行，銅板應該都會留在額頭上吧。當然，不可否認，銅板有可能是因油脂和

汗水才貼在額頭上。

……接下來，改用其他方法試試看吧。

●挑戰把銅板增加到二～三個。

●頭往上仰，以輕輕掉落的感覺把三個一圓銅板放在額頭上（參照下列插圖）。

●如果放上去沒掉下來，在上面再各疊一個銅板。

●心裡默念著「黏起來、黏起來」，同時想像著兩個銅板重疊貼在額頭的樣子。不過，有些人反而是不要想太多比較容易成功。

●如果感覺額頭與一圓銅板已合為一體，順利黏在一起，就慢慢的起身。

萬一一圓銅板掉下來了，也請各位千萬不要氣餒。一開始失敗很正常。重要的是對自己保持信心，相信只要經過幾次練習就一定會成功。成功後，接下來要做的就是挑戰自己的極限。大家可以一直增加銅板的數量，或者試試貼在臉頰、下巴、鼻頭等其他部位。

探索潛在能力之謎❸

彎曲湯匙的起源是什麼？

不知道有沒有人想過，為什麼折彎湯匙會是最為人所知的超能力特技呢？為什麼不是筷子也不是叉子，偏偏是湯匙呢？

事實上，彎曲湯匙的元祖是「金屬彎曲（Metal bending）」，其名稱源自人們進行彎曲各種金屬製品的超能力實驗。

金屬彎曲發源於日本，歷史可追溯於距今一百年以前的一九一〇年。

當時，有位天然的研究者名為桑園，他對某人進行了催眠，據說成功讓對方把黃銅製的火缽磨到彎曲。此舉被視為史上第一件金屬彎曲的例子。

之後到了一九七〇年代，以尤里．蓋勒為首所掀起的超能力風潮，在當時引發了廣大的討論。

在這股風潮興起的初期，超能力最常使用的道具是叉子。不過，從某個時候起開始換成湯匙。

理由之一是，換成自己更熟悉的物品，有助於發揮超能力。

明眼人都看得出來，相較於形狀具有攻擊性的叉子，圓弧形狀的湯匙不但沒有威脅性，而且也是大家從小就會放進口中的餐具，所以給人很安全的印象。

基於上述理由，湯匙成為測試超能力的最佳道具，出場頻率很高。

另外，很多人都認為超能力大多會作用在廚房用品上，原因似乎也和廚房用品是家家戶戶必備，而且是從小就會使用到的「日常用品」脫不了關係。

第八章

開發治癒能力，療癒身體的不適！

你的身體也蘊藏著治癒能力

本章將為各位介紹如何利用超能力，替自己與他人舒緩傷病的疼痛，以及與寵物和睦相處、使植物欣欣向榮。

超能力界把藉由念力治病療傷的行為稱為「治癒」。治癒能力與前面介紹的以念力讓物品自動移動、找到失物的能力稍有不同，與直覺力的關係密切。

這種能力是每個人普遍都有的能力，只要學會如何利用，到了「萬一」的時候，相信一定能夠派上用場。

不過，為了確保能夠發揮治癒能力，各位必須先建立正確的心態。如果一無所知，貿然進行，有可能弄巧成拙，反倒使症狀惡化，甚至搞壞身體，變得更容易生病。為了避免發生這種情況，請務必記住下列幾點。

進行治癒時，必須具備什麼樣的正確心態？

心態① 不可產生其他想法

最重要的基本原則是拋去雜念，包括「我要拯救對方」「我要改變他」「一切操之在我」「我有辦法治得好」等。因為只要產生雜念，你的能力就會立刻破功，無法發揮。

請各位進行治癒時，依序遵守下列三點。

・「為了提高自己的氣，須充分放鬆」，這是第一要務。
・接著，「讓對方接收你在完全放鬆下、不帶雜念的這股氣」。
・開始向對方「傳達意念」（詳情留待後述）。

各位必須做好共分三個階段的心理建設。順帶一提，成功發揮治癒能力的人，以及已經掌握正確調頻方法的人，有時候僅須輕輕一碰，就能順利治癒對方。

心態② 不要同情對方

進行治癒時，不可對對方產生憐憫之意也是很重要的原則。或許這個比喻有些不倫不類，但如果想提升治癒效果，不如把對方當作馬鈴薯、茄子、南瓜就好。

原因在於，若是產生同情之心，你的身體就會在不知不覺中變成和對方一樣的狀態。如此一來，不單治癒效果不佳，連自己都會受到連累，感到疲憊不堪。如果演變至此，等於本末倒置，失去了治癒的初衷。

所謂的治癒，就是教正在哭泣的人，如何一步步重新學會笑。所以，我們可不能陪著正在哭泣的人一起哭。必須笑才行。

心態③ 如果對方是女性就用左手，是男性就用右手

這個原則也是治癒的口訣之一，對方是女性時就伸出「左手」，是男性就伸出「右手」。人體的左邊是男性能量的所在處，右邊則帶有女性能量。不論男女皆是如此。男性的能量可治癒女性，而女性的能量可治癒男性。如果弄錯這一點，雙方的身體都可能變得不舒服，所以一定要嚴格遵守分別使用左右手的規則。

心態④ 在自己心情好的時候進行

在自己心情好的時候進行可提高治癒效果。另外，習慣早睡早起的早鳥族最好選在早上，喜歡晚睡晚起的夜貓族則選在晚上進行。

除此之外，要選擇在讓雙方都能夠放鬆的場地進行。在放鬆的狀態下更容易發揮治癒的能

力，而且對方也能安心接受治癒。

心態5　要得到對方的信賴才稱得上是治癒

先給予對方信賴感，並在感受到對方對自己的信賴後開始進行，這也是治癒的基本原則。因為恐懼感會阻礙超能力的施展。

身體受傷或生病的人，一般而言比其他人更敏感。如果自始至終都無法消除他們的戒心，讓對方多少抱著「這個人會不會對我做奇怪的事？」「好像要做什麼詭異的事」的想法，即使你的能力再強大也無用武之地。

可增強念力的「七大穴位」是什麼？

只要把精神集中在人體的某些點，不但可以改善身體健康，也能夠增強念力。這些點就是古代所稱的「穴位」。反過來說，如果沒有把意識集中在「穴位」，就會有損健康。

雖然穴位遍布於全身各處，而且數量眾多，但請各位記住其中幾個特別重要的穴位。也就是瑜珈中所說的「七個脈輪」。不論是穴位還是脈輪，基本上都分布在身體的成長線上，只要給予適當刺激與保持平衡，不但可改善身體不適，也有增加念力的效果。

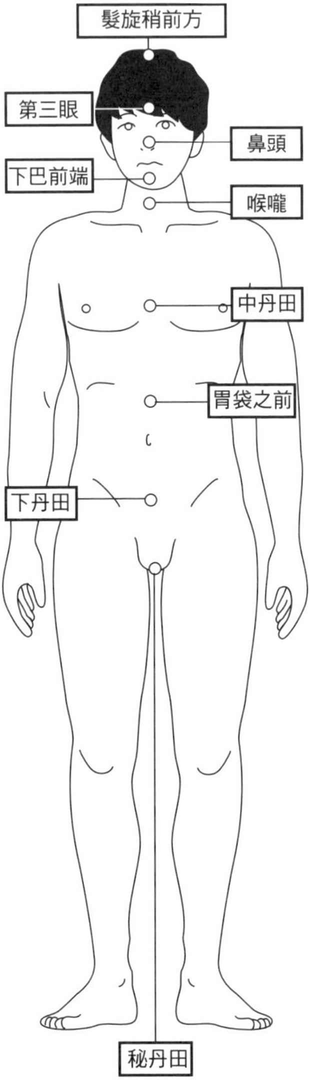

這些重要的穴位分別位於髮旋再前面一點（頭頂）、第三眼（眉心）、鼻頭、下巴前端、喉嚨、中丹田（兩個乳頭之間）、胃袋之前（太陽神經叢）、下丹田（肚臍下約五公分、往內深及五公分之處）、秘丹田（性器與肛門之間）。這些穴位在進行治癒時都很重要，請牢記在心。

✦ 治癒實踐講座①⋯治癒人

治癒基本上可大致分成治癒自己的身體與治癒他人身體兩類。首先為各位介紹治癒自己的方法。

section 44

舒緩自己傷病的症狀「自我療癒」訓練

◉人數／1人

●前置作業是把意識集中在下丹田，利用「丹田呼吸」調息。

訓練開始

●把意識集中在肚臍下約五公分、往內深及五公分的下丹田。

丹田呼吸……只要沒有鼻塞，吸氣時要盡量從鼻子慢慢吸，一路把氣送到下丹田（把下丹田想成一個盒子。想像著從上方解開繩子，讓氣掉到這個盒子裡的景象）。吐氣時雖然是用嘴巴吐氣，但記得要從下丹田慢慢吐氣（想像著用力把牙膏從管子裡擠出來的模樣）。把氣完全吐出。

●重複丹田呼吸五～六次。

●假設是手部有割傷而感到疼痛，那麼就在吐氣時，想像著把念力的力量連同氣一起從丹田往上送，通過手臂，再從傷口離開的景象。

●以丹田呼吸的同時，像倒帶般反覆想像這樣的畫面。

●雖然須視傷口的嚴重程度而定，但利用這種呼吸法，基本上可以很快的減緩疼痛。如果是牙齒痛等痛症，花費的時間可能久一點，但還是會發揮效果。

總而言之，請各位想像著把力量從丹田送到傷口的景象。這是自我治癒時，最迅速也很確實的方法。

section 45

舒緩他人傷病的症狀「療癒夥伴」訓練

◉人數／2人
◉道具／能量石、水晶

接下來要介紹的是如何治癒別人的方法。可以分為用手發出的氣進行治癒，與使用道具治癒兩種。

首先介紹如何以手發出的氣進行治癒。

訓練方法❶：單純靠氣

●讓自己完全放鬆，把意識集中在手掌上，再慢慢放掉力氣。

●出現輕微刺痛感後，接著在吐氣的同時，想像著把位於丹田的念力，透過手掌傳給對方的景象。

訓練方法❷：使用道具

進行治癒時，如果搭配能量石和水晶等具備強大能量的道具，效果會更好。

●握住能量石或水晶等物品。

●想像能量從能量石或水晶汩汩流出，通過自己的手臂、身體，最後從手掌把能量傳遞給對方（參照插圖❶）。

訓練方法❸：利用自然的力量

●一手伸向天空，想像著身體從宇宙接收力量，再透過另一手的手掌把力量傳遞給對方（參照插圖❷）。

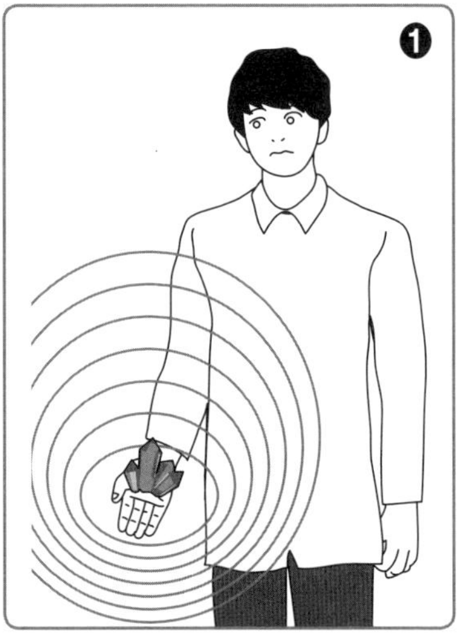

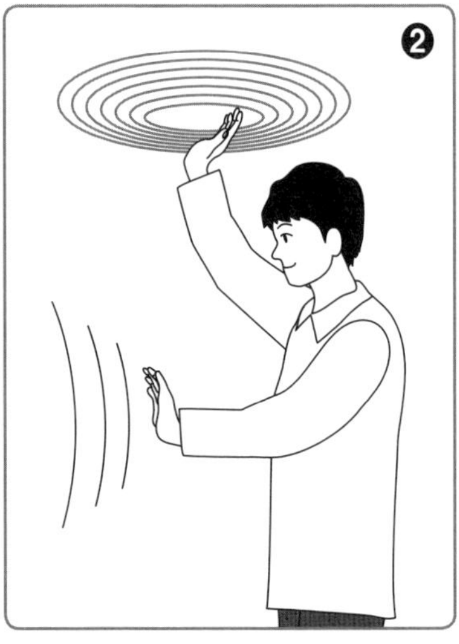

訓練方法④…利用水的力量

●打開水龍頭，讓水嘩啦嘩啦的流。

●把一手伸到水流之中。

●舉例而言，如果想舒緩胃痛，就把另一手放在胃上，想像著疼痛從手掌通過手臂，隨著水流被沖走的景象（參照插圖❸）。

❸

治癒實踐講座②…與動植物進行「氣」的交流

植物、寵物，甚至是機器，只要是有形之物皆有生命。所以，它們的狀況好壞，也會受到與人的相處方式所影響。

不過，治癒動物、植物與治癒人不同，必須帶著樂觀的心情。當我們悲傷、寂寞，有時只要對著寵物傾訴，或是看看植物，就能夠重新振作。其實，會產生這種變化的原因是，當我們為了轉換當下的心情，寵物和植物會在不知不覺中吸走我們的氣。所以，當你發現寵物和植物顯得無精打采，就輪到我們把自己的能量分出去。

section 46

以念力讓植物欣欣向榮「促進植物生長」訓練

◉人數／1人

對植物施予念力，可發揮促進生長的作用，不過請各位在施予念力前，注意以下幾點。

- 在播種階段，請輕輕握住種子，施予念力，要它「好好生長吧」。
- 替植物澆水之前，把手伸到水面，施予念力，在心中默念「請讓這盆植物好好生長」，並且在澆水時帶著關懷之意。

基本上，上述兩點就是最重要的原則，不過在此提醒各位一點，培育植物原本就不是念力體質（PK型：參照第五十二頁）的強項，所以這類型的人如果要接觸植物，請記得盡量不要發動念力。如果以念力對著植物叮嚀「好好生長吧」，可能會弄巧成拙，加速植物枯萎。

相反的，ESP型的人不論施予植物多少的氣都沒問題。除了早晨的問候、澆水，偶爾也以如下的方式治癒植物吧。

section 47

為虛弱的植物補充元氣「治癒植物」訓練

◉人數／1人

訓練開始

●伸出手，放在植物根部生長處的上方約一分鐘（這時請想像你正把自己的氣澆灌給植物的景象）。

●接著是葉片的前端。用食指觸摸每片葉子的前端。一片葉子約三～五秒（同樣想像著把氣灌注在葉片上的畫面）。從長在下面的葉子開始觸摸，慢慢往上。重複這個步驟五～六次。

●最後整隻手臂以順時針的方向在植物周圍繞圈（參照插圖）。

section 48

為虛弱的寵物補充元氣

「治癒寵物」訓練

◉人數／1人

治癒沒有精神的狗貓

●當寵物看起來無精打采，首先治癒腹部。撫摸牠的肚子五～十次。

●如果是狗，優先治癒部位是額頭。同樣撫摸五～十次。

●除了腹部，也請撫摸貓的耳後到脖子一帶。同樣撫摸左右各五～十次。接著是大腿。最後是尾巴根部。同樣朝往背部撫摸五～十次。

提醒各位要注意一點，要帶著對寵物的關懷給予治癒。但是，不可同情牠們。千萬不能產生「我願意替牠受苦」的想法。

雖然能夠理解各位為寵物感到不捨的心情，但一旦產生這樣的想法，可能不只寵物，連你的健康都會跟著出問題。

治癒失去活力的鳥兒

為鳥兒進行治癒時，有些注意事項與貓狗不同。

●把鳥兒放在手掌上，從腹部開始為牠把氣灌注體內。

●或者也可以先把氣集中在手指，再讓鳥停留在手指上，然後把氣灌注到牠體內。

治癒金魚等觀賞魚

比起把氣灌注在魚身上，不如直接把氣灌注在水和飼料上，效果會更好。進行時有下列兩項重點。

●餵飼料前，先把飼料握在手裡，把氣灌注其中，並在心裡默念「請讓牠快點好起來」。

●另外，也把手伸到水族箱的上方，將氣灌注其中。

本章為各位介紹了治癒的效果與訓練方法。能夠發揮治癒能力當然是可喜可賀的事，但正如本章一開始提到的「心態」，請各位對自己的能力不要太有把握。

請各位務必擁有正確的認知：只有功力深厚的超能力者才能憑藉治癒的力量治療理應就醫或請獸醫診療的症狀。

如果因為缺乏正確的觀念，導致你失去重要的人或寵物，那就悔不當初了。

第九章

喚醒未知的力量，化不可能為可能！

「在火災現場突然變成大力士」，就是標準的超能力

人只要把意識集中在身體的某個部位，而且在腦中想像著某個畫面，就能發揮出非常驚人的力量。

舉例而言，平常非常不擅長跑步的人，只要把意識集中在肚臍下約五公分、往內深及五公分的下丹田（參照第二〇八頁），就可以一直跑也不覺得累。

所以忍者跑步時，總是把手放在肚子上，就是為了便於把意識集中在下丹田，好讓自己跑得更快。

本章要為各位介紹的訓練，能夠證明只要集中意識和想像，就能發揮讓人難以想像的強大力量。這裡所謂的「集中」，**也和培養直覺力息息相關**。

首先為各位介紹的訓練是「鋼鐵之腕」。我相信當你首度發現自己的身體竟然蘊藏著如此龐大的力量，一定會大吃一驚。

section 49

把手臂化為鐵棒「鋼鐵之腕」訓練

◉人數／2人

訓練❶

你↓將慣用手筆直地往前伸出，繃緊不要彎曲。

夥伴↓用力壓住你的手臂，想要使其彎曲（參照插圖❶）。

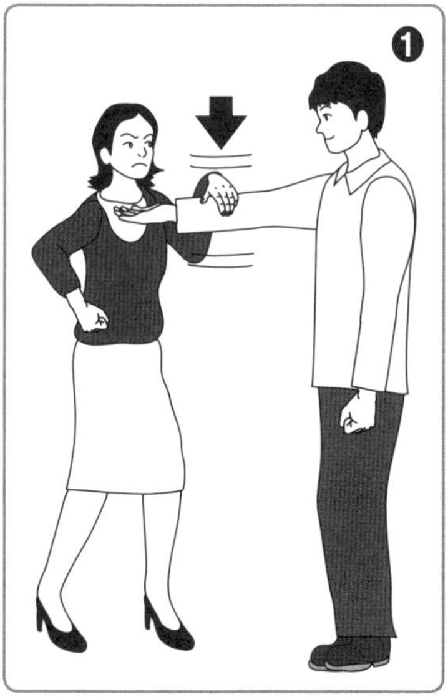

請問結果如何？幾乎每個人的手臂都被壓彎了吧。接下來換個方式。

訓練❷

你↓把慣用手筆直地往前伸出，肩膀不要出力，想像著「我的手臂就像長鞭，纏繞著前方的大樹」。

夥伴↓比照訓練①的時候，用力壓住你的手臂，想要使其彎曲（參照插圖❷）。

診斷

請問結果如何？我想，每個人的結果應該都是手臂完全沒被壓彎吧。或者就算手臂被壓彎，但後來又產生一股比夥伴力氣更強大的力量。

這個結果是藉由某種想像，喚起長久以來一直沉睡在你身體深處的力量所致。

只要經過如此簡單的訓練，就能讓身體湧出源源不斷的力量，由此可見，潛藏在我們體內有待開發的力量是深不可測的。

應用篇

這種透過想像達到的效果，可以運用在任何方面。例如要和別人比腕力時，你可以藉由想像「我是阿諾史瓦辛格」，讓自己發揮超乎尋常的力量。

不過，雖然你把自己想像成阿諾史瓦辛格，若心裡覺得「阿諾一點也不厲害」，那就完全沒效了。

另外，靠著想像的力量，甚至能改變體重。正為了減重而陷入苦戰的人，聽到這裡可能會覺得欣喜若狂，但遺憾的是，接下來要介紹的是讓體重變重的訓練。

section 50

馬上讓身體變得像鉛球一樣沉重

「瞬間增加體重」訓練

◎人數／3人

訓練❶

你↓一屁股坐在地板上，使出全身的力量，想辦法不被人抬起來。

兩位夥伴↓想從你的身後或腋下把你抬起來（參照插圖❶）。

應該所有人都是被兩位夥伴輕鬆抬起來的吧。

接下來，請在訓練時，在腦海中想像著某個畫面。

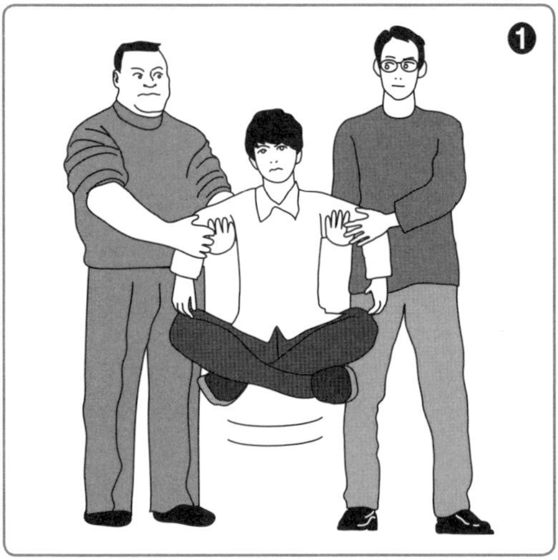

訓練❷

你↓一屁股坐在地板上，全身放鬆不出力。想像著「我是一塊很重的石頭」。

兩位夥伴↓比照訓練①的時候，使勁地想要從你的身後或腋下把你抬起來（參照插圖❷）。

診斷

請問結果如何？夥伴們是不是沒辦法把你抬起來呢？如果只看結果，表示你的身體在一瞬間變得其重無比。不過，就算你站在體重計上，按照剛才的步驟再次進行，體重計的數字仍是紋風不動。只能說這個現象實在太不可思議了。

接下來為各位介紹如何削減對方力量的方法。訓練的方法雖然簡單，卻能夠讓對方低頭認輸。

section 51

對方的力氣竟變得愈來愈小「超級眼」訓練

◉人數／2人

準備

事前準備非常簡單。只要在自己的手背畫一個很大的眼球就好。

訓練開始

只要在手背上畫好一顆大眼球，就可以開始和對方較勁了。和對方較量腕力時，你會感覺到對方的手勁強弱，和自己手背有無畫上眼球圖案時截然不同。如果先畫上眼球再與對方挑戰，對方的力氣很快就會變得愈來愈小。

診斷

為什麼對方的力氣好像被抽走一樣，很快就變小了呢？

其實，只要有眼睛形狀的東西面向自己，人的活動力就會在不知不覺中開始減退。就算我們無法親眼看見，但只要面對眼睛形狀的東西，身體的細胞就會萎縮。

這是因為我們的潛意識還殘留著來自古代的記憶，只要看到動物的眼睛，本能地就會感到恐懼。

讓你變得強大的力量印記

除了眼睛形狀，為各位在第二三〇～二三一頁列舉的圖形也可以當作「力量印記」使用。這些圖形不僅會為你帶來力量，也有能力把原本不能帶來好運的物品，轉變為幸運物。

不過，每個人適合的形狀各不相同，並不是全部通用，所以建議在使用前，先利用銅板靈擺進行探測（參照第一四五頁），找出最適合自己的圖形。

力量印記的使用方法不拘，由自己決定。例如你可以把它畫在身體的某個部位，當作能量的來源，或者收在錢包裡，當作護身符使用。等到要和人比腕力的時候，只要把這個印記放在手肘下，就能湧出強大的力量。

話說回來，這些印記，每一個都具備不同的意義。

比方說，五芒星（五角星）據說具備強大的防禦力。舉例而言，美國的國防部便是以五芒星作為識別標誌，而且世界上有許多國家，也是以五角星作為國旗的圖案。

以日本而言，舊日本軍的軍服鈕扣與胸前的階級徽章也以五角星作為標誌。據說用意是護身，希望可以避免「要害被子彈擊中」。

除此之外，中文的「大」字也具備和五芒星同樣的力量。「大文字五山送火」是京都最具代表性的夏季活動，其中就包含了「五角星」的元素，隱含著守護京都的意義。

只要依照時間與地點、目的，以及與你的契合度等各項條件，找出最適合你的力量印記隨身攜帶，就能擁有強大的力量。

舉例而言，把植物放在畫了八芒星的紙上，能讓它成長得更加順利。另外，最適合洗手間和浴室的印記是漩渦圖案，而最適合放在玄關的是五芒星等。

另外，據說以金屬絲或金屬製作的力量印記，可以發揮更強力的效果。尤其是手工製作的力量印記，保證能增強你的力量。

以下為各位說明主要的力量印記所代表的意義。

五芒星——驅除外界干擾，提高正向直覺力，發揮防禦功能。

六芒星——強化想像與放鬆的深度，對加深意念、具體實現意念、強化念力等可發揮明顯的效果。

八芒星——讓宇宙的力量與你同在，在能力開發方面可發揮非常強大的力量。

漩渦——分為左旋和右旋，兩者合起來具備放鬆的效果。

萬字——分為左旋（卍）和右旋（卐），兩者合起來代表宇宙的力量。

圓圈——意味著集中力量。

內在眼——眼睛自古就被視為神明的象徵。

十字——代表潛意識的力量。

上述這些力量印記能夠幫助我們更容易啟動潛在能力的開關，是一種同時提升直覺力與念力的信號。不妨放在自己一眼就能看到的顯眼之處。

力量印記

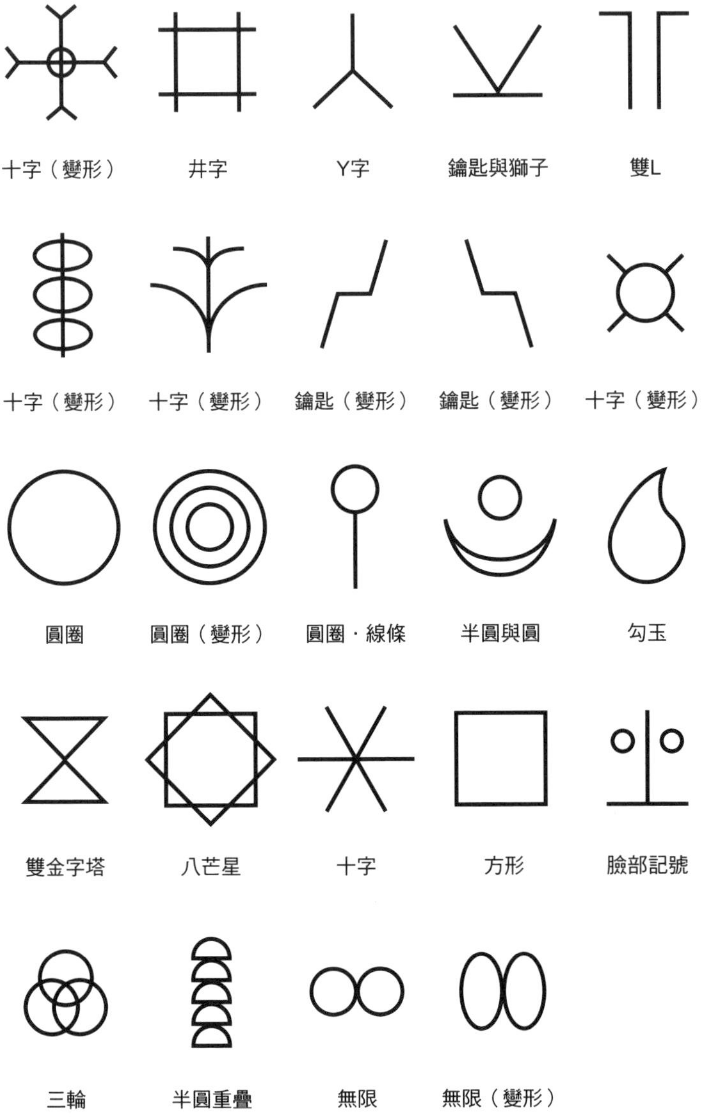
十字（變形）
井字
Y字
鑰匙與獅子
雙L
十字（變形）
十字（變形）
鑰匙（變形）
鑰匙（變形）
十字（變形）
圓圈
圓圈（變形）
圓圈・線條
半圓與圓
勾玉
雙金字塔
八芒星
十字
方形
臉部記號
三輪
半圓重疊
無限
無限（變形）

力量印記

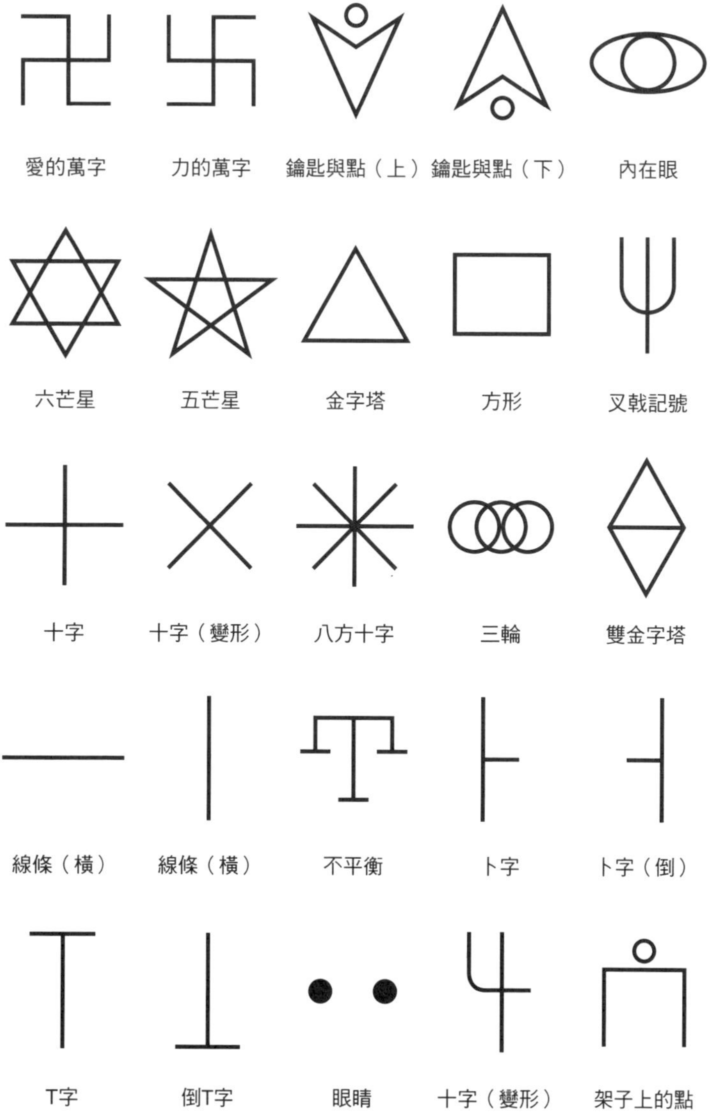
愛的萬字
力的萬字
鑰匙與點（上）
鑰匙與點（下）
內在眼
六芒星
五芒星
金字塔
方形
叉戟記號
十字
十字（變形）
八方十字
三輪
雙金字塔
線條（橫）
線條（橫）
不平衡
卜字
卜字（倒）
T字
倒T字
眼睛
十字（變形）
架子上的點

能量石能夠喚醒沉睡的超能力

接下來和各位聊聊蘊含著神祕力量的石頭，這些石頭能激發我們的超能力與潛在能力。說到具有能量的石頭，相信很多人馬上會想到水晶。說到水晶，它最主要的能力是「增幅」。因此，**水晶具備激發潛能的能力，但另一方面，如果在悲傷或焦慮的時候帶著水晶，悲傷和焦慮的程度也會隨之增加**，敏感時會變得更敏感。所以使用水晶時要有技巧。

值得慶幸的是，只要把水晶加工製成項鍊或念珠等，就能夠發揮一定程度的抑制作用，避免負面情緒被強化，可以變成「錦上添花」的礦石。簡單來說，只要以正確的方法使用，水晶的功效確實很可靠，能夠順利激發每個人未知的超能力。

其實，除了水晶，還有許多能量寶石各自具備不同的能力，像是引導能力、開運等。以下為各位介紹它們具備的神奇力量。請各位當作送禮或自用時的參考。

紅寶石　激發出對愛情的熱情。湧出幹勁。適合在想要發揮愛情方面的直覺時配戴。

翡翠　可提升運勢。發揮與人相處時的協調心。辟邪護身。可強化直覺，判斷出最佳時機與同時性（有意義的巧合）。

祖母綠　思考轉向正面，想法和行動也趨為積極。開始發揮潛在能力。

綠松石　守得雲開見月明。對過去耿耿於懷的人，終於展開積極的作為。適合在生涯轉換期配戴。

海藍寶石　現在進行的事情出現成效。終於獲得別人的認同。建議容易因一點小事就與人發生衝突的人配戴。成為能夠體貼別人的人。

石榴石　現在進行的事情終於慢慢露出曙光。增強掌握機會的直覺力。

紫水晶　可發揮情感的增幅作用。讓幸福的人覺得更幸福。適合在感情生活順暢如意時配戴。

瑪瑙　促使人際關係變得圓滿，增加朋友。能夠發揮直覺，靠友誼打動人心。

青金石　現在進行的事情會出現戲劇性的變化，往好的方面發展。能夠發揮直覺，掌握變化與強勢運氣。

鑽石　感情保持穩定，處於最佳狀態。得以發揮潛在能力。處於顛峰時刻配戴，能延長維持絕佳狀態的時間，但如果在「現在最倒楣」的時候配戴，就會一直持續惡劣的狀態，自己的氣也會不斷被吸走，彷彿受到詛咒，是一種非常可怕的石頭。使用上必須非常謹慎。

琥珀　容易變得執著，思考失去彈性。只限於想集中念力、祈禱時配戴。

蛋白石 運氣會變得不穩定。冒險的心蠢蠢欲動，雖然會有好事發生，但壞消息也會變多。適合在情路一帆風順時配戴。

藍寶石 雖然可發揮強大的力量，但獨立心和自尊心也跟著變強，與他人相處時欠缺協調性。使用上須多加小心。

珍珠、珊瑚 經常配戴會增加孤獨感。適合參加盛大的派對時配戴，有助保持平衡。

上述為各位介紹的寶石，**每一種共通的特徵都是能夠活化「選擇正確方向的偵測器」，而且該方向性也很獨特**。請各位依照自己的用途，帶著愉快的心情配戴。

有些男性可能會排斥配戴寶石，不過寶石蘊藏著神秘力量是不爭的事實。而且即使配戴在別人看不到的地方，效果也不會打折，建議大家不妨試試。

最後提醒各位，我們終究不可仰賴寶石的力量，只要抱著樂在其中的心態就好。

穿什麼顏色的衣服容易激發潛能？

人會穿什麼顏色的衣服，基本上都很固定。有些人偏好柔和色系的衣服，但也有人習慣一身黑的打扮。

如果去請教這些人，我想每個人的回答不外乎，自己是依照個人品味穿衣服，或是恰巧在店裡看到喜歡就買了。不過，每個人身上穿的衣服，對潛在能力會發揮很大的影響力。

翻閱各種文獻之後，我知道了一件事。原來容易激發潛能的服裝顏色、花紋、款式等都有一定的規則。

舉例而言，**當我們想從潛在意識向外表達某些訊息，最適合選擇暖色系的服裝**。因為穿上紅色、橘色、黃色的衣服，容易將內在的意念往外發送。

但是，一旦穿上暖色系的衣服，接收能力會跟著減弱，不容易受到外界資訊與他人情緒的影響。簡單來說，**暖色系是適合向外界傳訊的顏色，但也是容易阻斷與外界接觸的顏色**。

相反的，有些顏色讓人很容易受到外界資訊的影響，但卻不適合把訊息傳送出去。藍色和深藍色等寒色系便屬於此類顏色。

藍色和深藍色是大家公認的「沉穩色系」，使精神保持穩定的效果，優於表現自我。因為這些色彩能夠讓心情沉靜下來，自然更容易專心地接受來自他人的訊息。

不過，這樣的原則也有例外。

有些人穿上藍色衣服確實能讓自己保持心平氣和，但有些人卻是穿上紅色等暖色系的衣服才更覺得自在。

如果要把這種現象歸咎於每個人的喜好各有不同，當然未嘗不可，不過這其實是潛在能力暗自操縱，讓人不自覺地選擇最合適自己的服裝的結果。舉例而言，言行舉止比較誇張的人，大多數穿著的服裝似乎也傾向艷麗花俏。

主動想對外表達自我主張的人，基本上偏好暖色系的服裝。相反的，喜歡藍色等寒色系服裝的人，大多數感受性強。總而言之，個性較為沉默寡言，喜歡靜靜聆聽別人意見的人，服裝品味大多偏向低調保守。

不過，如果穿的服裝永遠只是符合自己的性格與能力，就無法達到開發潛能的效果。因為穿著適合自己性向的服裝，只是助長自己的特質，無法期待會產生任何變化。如此一來，也就會錯過某些「不像平常的自己」的潛在能力。

換言之，光靠服裝就足以開發以往在自己身上找不到的能力，各位如果不把握這個機會就吃大虧了。請務必嘗試新的色彩，把從未想過的顏色穿上身。

另外，也建議各位依照場合，分別穿上不同的色彩。當參加須力求表現的場合，不妨穿上暖色系的服裝；參加必須敏銳觀察、迅速接收各種資訊的場合時，記得穿上寒色系的服裝。

希望在兩者之間取得平衡時，建議選擇介於紅色與藍色之間的紫色。正如紫色和淺紫色有宗教顏色之稱，紫色是一種用於明辨事理、能夠表現出說服力的特殊色彩。

另外，如果希望表現出活力時，綠色的服裝是首選。因為綠色是展現強大生命力的色彩。

不過選擇綠色衣物時，有兩點須特別注意。一是避免太深的綠色，二是不要選擇太過貼身的款式。因為綠色是促進生命力根源細胞分裂的顏

寒色系

暖色系

色。另外，綠色有時也可能導致口角、拆夥等人際關係出現裂痕，所以使用上須特別小心。

尖銳之物蘊藏著不可思議的力量

很久以前，有段時間曾非常流行所謂的金字塔力量。具體而言，只要把變鈍的菜刀放進金字塔型（四角錐）架子裡，菜刀就會變得像磨過一樣銳利，甚至連放在金字塔下的植物也變得不容易枯萎。實在是非常不可思議的力量。

在超能力的世界裡，尖銳之物被視為念力容易發動的對象。舉例而言，這也是為何密教行者頭上的印呈六角錐形，而基督教教堂的屋頂之所以如此尖聳，也是為了便於吸收能量。另外，一般也認為屋頂尖銳的部分，還有另一項用途，就是把能量散發出去。

古埃及人能夠在沙漠中建造出巨大的金字塔，也充分證明了尖銳之物的實用性。若不是利用尖銳之物的力量，根本無法說明當時究竟如何完成如此龐大的工程。

不過，並不是只要蓋好金字塔，就能夠從中獲得能量，隨心所欲的使用。因為金字塔蘊含的能量，深受建造金字塔人們的念力所影響。畢竟同一時間至少有一萬人在金字塔的空間內勞動。如果沒有負責補充能量的人，金字塔也只不過是個普通的巨大建築物。

宇宙的能量容易進入尖銳之物。說得再詳細一點，有些形狀容易吸收地球的能量，而有些形狀容則容易吸收宇宙的能量，此外，還有些形狀是來者不拒，能輕易吸收宇宙和地球的能量。

金字塔就是第三種，屬於可以一箭雙鵰，同時獲取地球與宇宙能量的形狀。只要將念力灌注其中，與天．地．人的力量合體，就能產生不可思議的力量。

簡單來說，金字塔正是因為集眾人之力，費盡千辛萬苦的將石塊堆疊起來所完成的浩大工程，所以才有資格擁有足以守護埃及的強大力量。

日本在某些危險好發之處，例如橋梁的欄杆柱頭會安裝形狀有如洋蔥般前端尖尖的「擬寶珠」。除了作為裝飾之用，其實也是隱含了祈求橋墩不要被洪水沖走或塌陷之意的能量寶物。

日本各大城堡的天守閣也是如此。傳說中有一種名為「長臂姬」的妖怪居住在神戶的姬路城，所以一般人都不敢靠近天守閣。

但是，城主一定會登上天守閣進行冥想。城主本人是唯一能夠和長臂姬相談甚歡的人。之所以散播出這樣的消息，目的應該是為了威嚇敵人與自家士兵，不過，它的原理就像是簡單版的金字塔。

另外，以前為了冥想而造訪金字塔的觀光客很多，為此，埃及政府也進行了科學實驗。但沒想到，金字塔能量卻完全失靈。

不過，對金字塔的力量深信不疑，特地千里迢迢造訪埃及的旅人們，都見識到了金字塔的驚人力量。我自己也曾經在金字塔內冥想，當時也歷經了令人難以置信的體驗。

那次我參加的是一個名為「金字塔包場冥想之旅」的豪華旅遊團，由一位導遊帶領六位團員。團員們一起在漆黑的金字塔內部，進行冥想約兩個小時。

結果，幾乎在場的所有成員都親眼看到，大約有一百位一身白色裝束，看起來像是古代神官的人，圍繞在我們身邊。

完全不相信靈異現象存在的導遊，原本拿著手電筒在通道負責看守，沒想到竟雙腿一軟暈倒了。

根據導遊事後描述，據說當團員們才一進入冥想，一身白色裝束的男人們便大舉向她飛去。

我至今仍忘不了導遊當時流著淚對我們說「不管別人怎麼說，我確實感覺到了金字塔不可思議的力量」時的表情。

section 52

體驗蘊藏在錐體、多面體裡的神祕力量
「圓錐力量」訓練

◉人數／1人
◉道具／第二四四～二四五頁的圖

雖然我們很難實際前往埃及的金字塔，從中獲得巨大的能量，但在家裡，也能親身體驗這不可思議的力量。

只要利用第二四四～二四五頁中的五角錐、六角錐等圖形，再把對象物放入其中，就能夠獲得各式各樣的效果。

例如**剃刀的刀刃會變得銳利**、**蘿蔔嬰會長得很快**、**植物容易發芽**、**雞蛋可以保存很久都不會壞**、**花朵和葉子不會枯萎**等，幾乎在所有方面都能展現效果。另外，增加一個對照組，比較把東西放進去圓錐形裡面，以及沒有放進去圓錐形變化為何，也算是很有趣的實驗。

舉例而言，把剝了皮的橘子放進多面體內，果肉不會腐敗，而是逐漸變乾。橘子像是被風乾一樣，看起來像橘子木乃伊。相較之下，沒有放進多面體的橘子，幾天後就發霉腐爛了。兩者的差異一目瞭然。

重點在於要相信這種不可思議的力量確實存在。例如，不要抱著「就算把橘子放進多面體，也不可能延緩腐爛的時間」的想法，**重要的是相信「一定會有好結果」**。因為金字塔能量是信念的增幅器。

另外，由兩個金字塔上下連結而成的多面體，也具備驚人的力量。立方體的正中央和球體的正中央等，可說是匯集能量的空間。

請各位影印並剪下第二四四～二四五頁的正多面體和錐體圖，再沿著裁切線打洞。接著就可以放入植物或水果，確認這不可思議的力量是否存在。相信和驗證圓錐體的時候一樣，一定會出現驚人的效果。

另外，進行訓練時場地不拘，可以放在自己房間的桌上、廚房等。

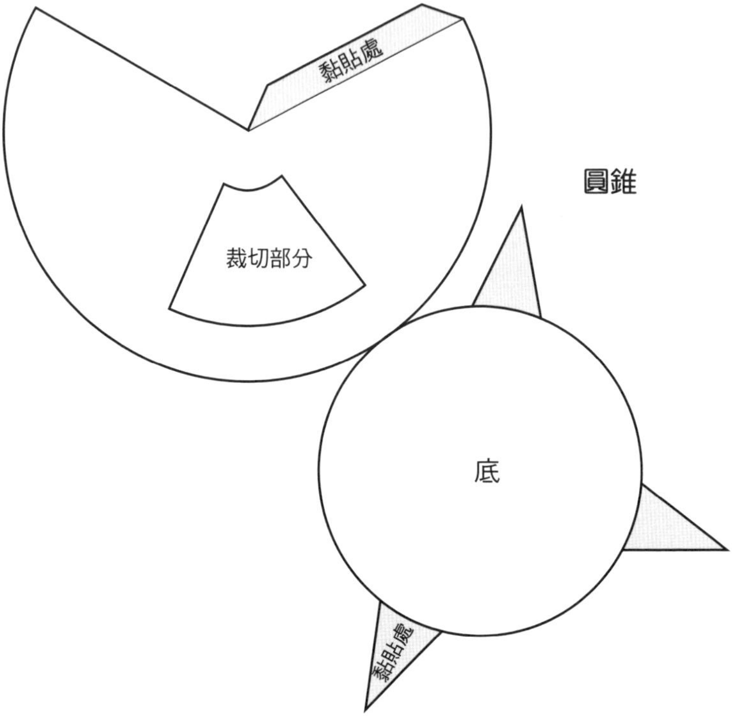

圓錐

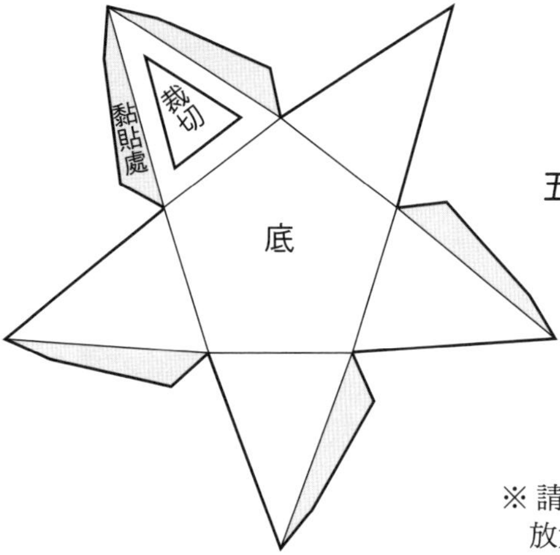

五角錐

※ 請將展開圖以影印等方式
放大後再使用。

多面體、錐體的展開圖

六角錐

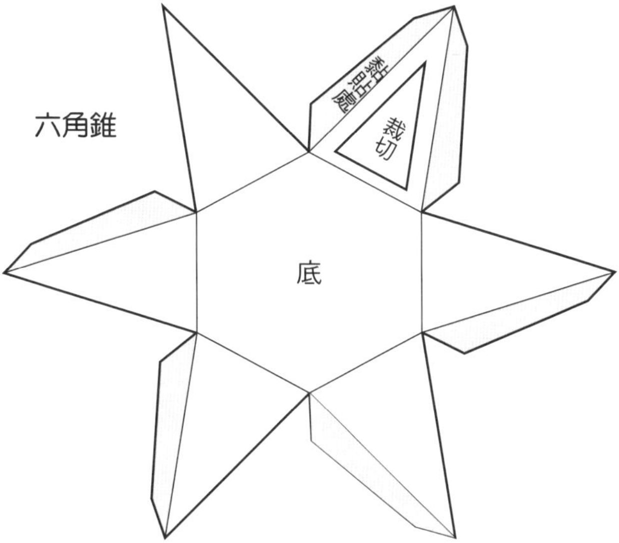

正八面體

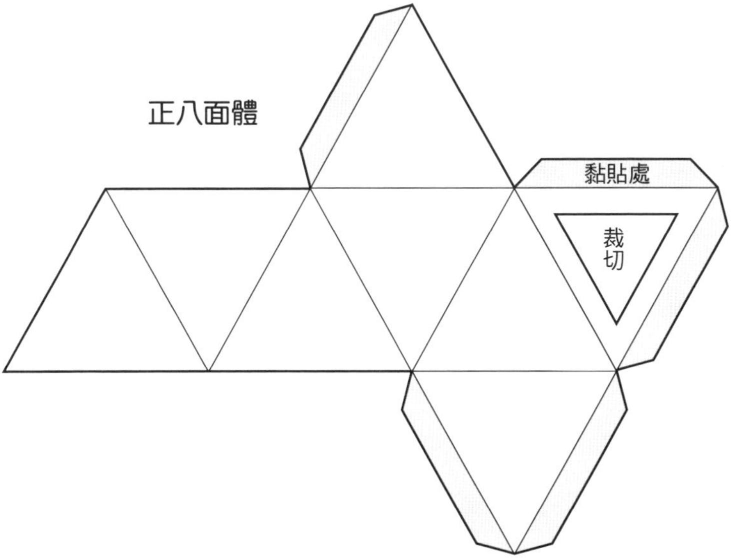

愈自戀的人，愈能發揮驚人的力量

我們每個人的潛在能力沒有極限。請各位務必要知道，所謂的極限，都是自己主觀認定，單方決定「到這裡就是我的極限了」。

一直相信「我只能做三個仰臥起坐」的人，一輩子大概也只能做三次了。相反的，相信「我可以做百個」的人，總有一天一定能做一百個仰臥起坐。總之，請各位不要自我設限，而是想辦法獲得更多能力。

「自戀‧自以為是效果」是我很常講的詞彙。簡單來說，**愈自戀、愈自以為是的人，愈是能夠不斷發揮新的能力**。即使微不足道，但只要能藉由某個契機，讓自己相信自己辦得到，那麼你的能力真的就會發揮出來。

於是，你就會增加自信，容易產生良性循環。事實上，革命成功，名留青史的英雄們，據說沒有一個人不是自戀狂。換言之，人類的歷史便是由某些懂得開發自我潛能，並且運用這分能力改變社會的人所創造。

所以，請各位千萬不要忘記，自己擁有的是一座取之不盡、用之不竭的能力寶庫，就像宇宙般浩瀚無垠，絕對有資格為自己感到驕傲。

就某個意義而言，對自己沒有信心的人，無法溫柔對待他人。只有對自己與他人一視同仁的人，或許才稱得上是「有底氣自負的人」。

相信可能性並全心投入，可助長潛在能力的發揮

激發潛在能力的第一步除了「相信」，同時也必須做到「不妄下評論」。

有一種較常見於男性的心態是喜歡講道理，只要發生出乎意料的狀況，就急著找出一套用來解釋其過程與原因的理論。這種欲求固然是長久以來對科學發展做出偉大貢獻的原動力，但對於激發個人潛能卻是一大障礙。

總而言之，習慣以理論解釋事情的人，只相信道理說得通的事，所以通常不願意承認，現在自己做不到的事情，其實是「可能」做到的。

這類人就算承認潛在能力的存在，也開始努力要激發潛能，但進行思考時如果還是由理論當家，無法擺脫「照理說應該要這麼做」的思維，那麼終究無法順利激發潛在能力，甚至還會引發負面效應。

真心要想激發潛在能力的人，該做的是在動腦思考之前，相信潛在的力量，並投身其中。

明明相信「我辦得到」，但總是在意想不到的地方出錯，導致結果不如預期的事情時有所聞。我幾乎敢斷言，會遇到這種事情的人，平常一定常向周圍發牢騷「我天生運氣不好」「我能力不足」。我要呼籲這些朋友：請相信自己真的擁有「無限的力量」。

天天聽你說「我就是沒能力」的潛在意識，聽久了就會對這句話深信不疑，並且也會依照你的話給出結果。所以請各位務必了解，日常生活中的自言自語、無心脫口而出的一句話，都可能暗藏危險的陷阱。

總之，希望各位都能夠以「自他享樂」的心態克服任何困難，有事不責怪別人，而是想辦法讓自己樂在其中。不吝讚美他人與自己的優點，若發現有缺點就提出改善方案，這一點也很重要。最後希望各位能夠成為善用直覺力的高手。

你最理想的樣子一定會出現在你的未來。請各位拋開模仿較勁、懷疑、忌妒，找出一條打從心底覺得自由自在的路吧。

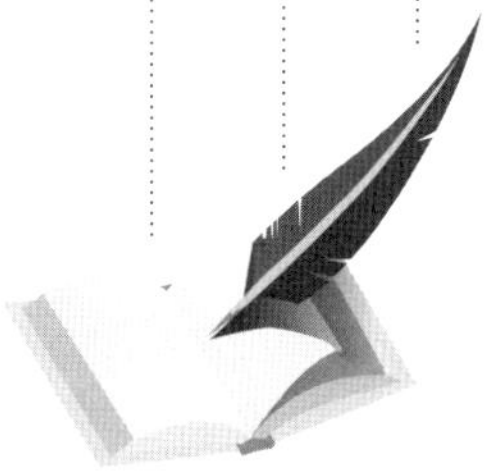

Note

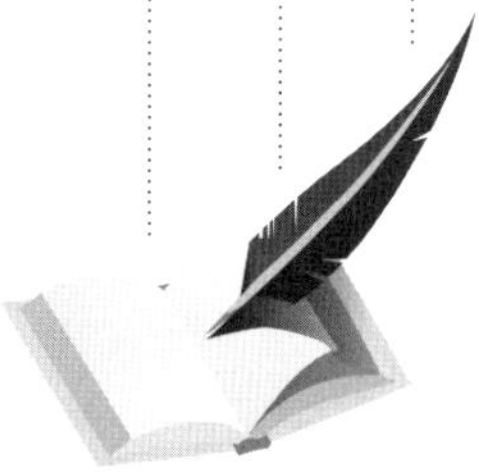

國家圖書館出版品預行編目(CIP)資料

啟動天生直覺力,輕鬆實現願望,翻轉人生!/秋山真人作 ; 藍嘉楹譯. -- 初版. -- 新北市 : 世茂出版有限公司, 2024.07
面 ; 公分. -- (新時代 ; A34)
ISBN 978-626-7446-14-0(平裝)

1.CST: 超心理學 2.CST: 心靈感應

175.9 113005564

新時代A34

啟動天生直覺力，輕鬆實現願望，翻轉人生！

作　　者 / 秋山真人
譯　　者 / 藍嘉楹
主　　編 / 楊鈺儀
封面設計 / 林芷伊
出 版 者 / 世茂出版有限公司
地　　址 / (231)新北市新店區民生路19號5樓
電　　話 / (02)2218-3277
傳　　真 / (02)2218-3239（訂書專線）
劃撥帳號 / 19911841
戶　　名 / 世茂出版有限公司　單次郵購總金額未滿500元（含），請加80元掛號費
世茂官網 / www.coolbooks.com.tw
排版製版 / 辰皓國際出版製作有限公司
印　　刷 / 世和印製企業有限公司
初版一刷 / 2024年7月

I S B N / 978-626-7446-14-0
E I S B N / 9786267446133 (EPUB) / 9786267446126 (PDF)
定　　價 / 360元

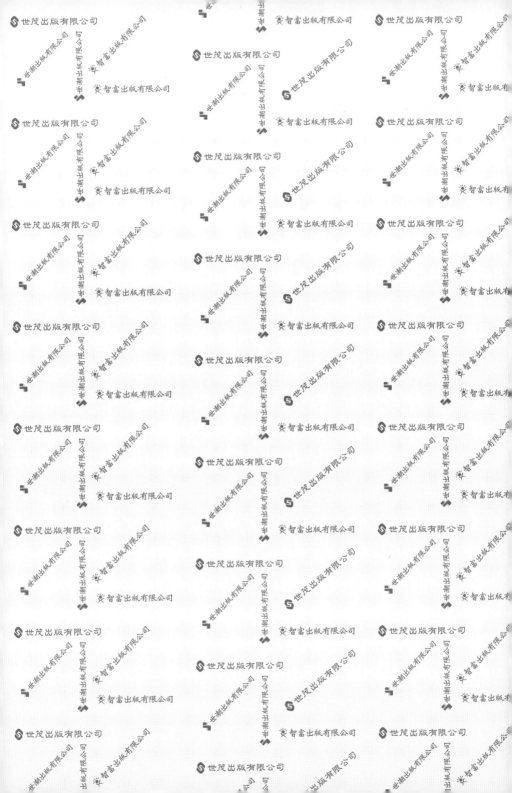

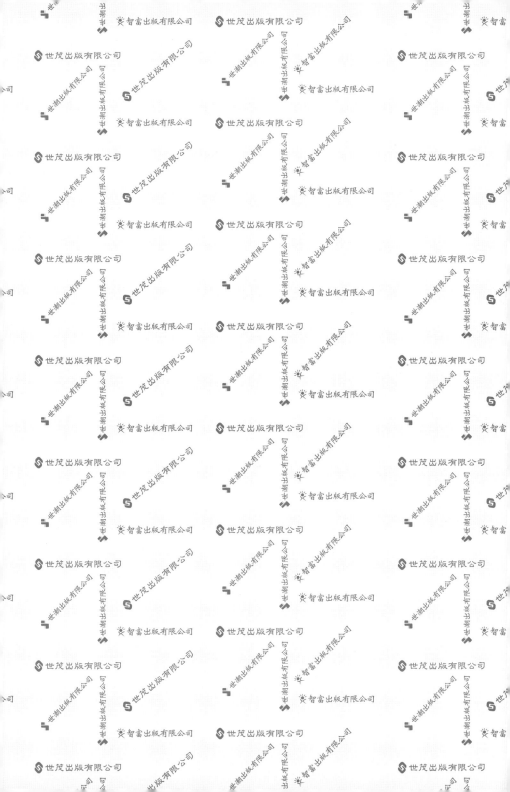